GOUVERNEMENT DE PARIS.
ÉTAT-MAJOR DE LA GARNISON.

ORDRE du 1.er Janvier 1806.

SERVICE DE L'ÉTAT-MAJOR DE LA GARNISO...

Du 1.er au 2 Janvier.

Adjudant de Place de service à l'État-major...................... CORDIEZ.
Adjudant de Place de ronde de nuit............................... VIART.

Visite aux Casernes, Prisons, Hôpital, et distribution de fourrages.

Rive droite de la Seine : le Capitaine-Adjudant de Place.............. VIART.
Rive gauche : le Capitaine-Adjudant de Place...................... COTEAU.

Du 2 au 3 Janvier.

Adjudant de Place de service à l'Etat-major...................... CARON.
Adjudant de Place de ronde de nuit............................... COTEAU.

Visite aux Casernes, Prisons, Hôpital, et distribution de fourrages.

Rive droite de la Seine : le Capitaine-Adjudant de Place.............. COTEAU.
Rive gauche : le Capitaine-Adjudant de Place...................... CORDIEZ.

Rien de nouveau.

Le Général de Brigade commandant les Troupes de la Garnison de Paris ,
CHARLOT.

Pour copie conforme :
L'Adjudant-commandant, Chef de l'État-major ,
BORREL.

GOUVERNEMENT DE PARIS.

ÉTAT-MAJOR DE LA GARNISON.

ORDRE du 2 Janvier 1806.

SERVICE DE L'ÉTAT-MAJOR DE LA GARNISON.

Du 2 au 3 Janvier.

Adjudant de Place de service à l'État-major........................ CARON.
Adjudant de Place de ronde de nuit............................... COTEAU.

Visite aux Casernes, Prisons, Hôpital, et distribution de fourrages.

Rive droite de la Seine : le Capitaine-Adjudant de Place.............. COTEAU.
Rive gauche : le Capitaine-Adjudant de Place........................ CORDIEZ.

Du 3 au 4 Janvier.

Adjudant de Place de service à l'État-major........................ VILLERS.
Adjudant de Place de ronde de nuit............................... CORDIEZ.

Visite aux Casernes, Prisons, Hôpital, et distribution de fourrages.

Rive droite de la Seine : le Capitaine-Adjudant de Place.............. CORDIEZ.
Rive gauche : le Capitaine-Adjudant de Place........................ CARON.

Rien de nouveau.

Le Général de Brigade commandant les Troupes de la Garnison de Paris,
CHARLOT.

Pour copie conforme :

L'Adjudant-commandant, Chef de l'État-major,
BORREL.

GOUVERNEMENT DE PARIS.

ÉTAT-MAJOR DE LA GARNISON.

ORDRE du 3 Janvier 1806.

SERVICE DE L'ÉTAT-MAJOR DE LA GARNISON.

Du 3 au 4 Janvier.

Adjudant de Place de service à l'État-major......................... VILLERS.
Adjudant de Place de ronde de nuit............................... CORDIEZ.

Visite aux Casernes, Prisons, Hôpital, et distribution de fourrages.

Rive droite de la Seine : le Capitaine-Adjudant de Place............ CORDIEZ.
Rive gauche : le Capitaine-Adjudant de Place...................... CARON.

Du 4 au 5 Janvier.

Adjudant de Place de service à l'État-major......................... GRAILLARD.
Adjudant de Place de ronde de nuit............................... CARON.

Visite aux Casernes, Prisons, Hôpital, et distribution de fourrages.

Rive droite de la Seine : le Capitaine-Adjudant de Place............ CARON.
Rive gauche : le Capitaine-Adjudant de Place...................... VILLERS.

Rien de nouveau.

Le Général de Brigade commandant les Troupes de la Garnison de Paris,
CHARLOT.

Pour copie conforme :

L'Adjudant-commandant, Chef de l'État-major,
BORREL.

GOUVERNEMENT DE PARIS.
ÉTAT-MAJOR DE LA GARNISON.

ORDRE du 4 Janvier 1806.

SERVICE DE L'ÉTAT-MAJOR DE LA GARNISON.

Du 4 au 5 Janvier.

Adjudant de Place de service à l'État-major......................... GRAILLARD.
Adjudant de Place de ronde de nuit.............................. CARON.

Visite aux Casernes, Prisons, Hôpital, et distribution de fourrages.

Rive droite de la Seine : le Capitaine-Adjudant de Place............... CARON.
Rive gauche : le Capitaine-Adjudant de Place........................ VILLERS.

Du 5 au 6 Janvier.

Adjudant de Place de service à l'État-major......................... VIART.
Adjudant de Place de ronde de nuit.............................. VILLERS.

Visite aux Casernes, Prisons, Hôpital, et distribution de fourrages.

Rive droite de la Seine : le Capitaine-Adjudant de Place.............. VILLERS.
Rive gauche : le Capitaine-Adjudant de Place........................ GRAILLARD.

Rien de nouveau.

Le Général de Brigade commandant les Troupes de la Garnison de Paris,
CHARLOT.

Pour copie conforme :

L'Adjudant-commandant, Chef de l'État-major,
BORREL.

GOUVERNEMENT DE PARIS.
ÉTAT-MAJOR DE LA GARNISON.

ORDRE du 5 Janvier 1806.

SERVICE DE L'ÉTAT-MAJOR DE LA GARNISON.

Du 5 au 6 Janvier.

Adjudant de Place de service à l'État-major...................... VIART.
Adjudant de Place de ronde de nuit........................... VILLERS.

Visite aux Casernes, Prisons, Hôpital, et distribution de fourrages.

Rive droite de la Seine : le Capitaine-Adjudant de Place.............. VILLERS.
Rive gauche : le Capitaine-Adjudant de Place..................... GRAILLARD.

Du 6 au 7 Janvier.

Adjudant de Place de service à l'État-major...................... COTEAU.
Adjudant de Place de ronde de nuit........................... GRAILLARD.

Visite aux Casernes, Prisons, Hôpital, et distribution de fourrages.

Rive droite de la Seine : le Capitaine-Adjudant de Place.............. GRAILLARD.
Rive gauche : le Capitaine-Adjudant de Place..................... VIART.

Rien de nouveau.

Le Général de Brigade commandant les Troupes de la Garnison de Paris,
CHARLOT.

Pour copie conforme :
L'Adjudant-commandant, Chef de l'État-major,
BORREL.

GOUVERNEMENT DE PARIS.
ÉTAT-MAJOR DE LA GARNISON.

ORDRE du 6 Janvier 1806.

SERVICE DE L'ÉTAT-MAJOR DE LA GARNISON.

Du 6 au 7 Janvier.

Adjudant de Place de service à l'État-major......................... COTEAU.
Adjudant de Place de ronde de nuit.............................. GRAILLARD.

Visite aux Casernes, Prisons, Hôpital, et distribution de fourrages.

Rive droite de la Seine : le Capitaine-Adjudant de Place................ GRAILLARD.
Rive gauche : le Capitaine-Adjudant de Place........................ VIART.

Du 7 au 8 Janvier.

Adjudant de Place de service à l'État-major......................... CORDIEZ.
Adjudant de Place de ronde de nuit.............................. VIART.

Visite aux Casernes, Prisons, Hôpital, et distribution de fourrages.

Rive droite de la Seine : le Capitaine-Adjudant de Place................ VIART.
Rive gauche : le Capitaine-Adjudant de Place........................ COTEAU.

Rien de nouveau.

Le Général de Brigade commandant les Troupes de la Garnison de Paris,
CHARLOT.

Pour copie conforme :

L'Adjudant-commandant, Chef de l'État-major,
BORREL.

GOUVERNEMENT DE PARIS.
ÉTAT-MAJOR DE LA GARNISON.

ORDRE du 7 Janvier 1806.

SERVICE DE L'ÉTAT - MAJOR DE LA GARNISON.

Du 7 au 8 Janvier.

Adjudant de Place de service à l'État - major...................... CORDIEZ.
Adjudant de Place de ronde de nuit............................ VIART.

Visite aux Casernes, Prisons, Hôpital, et distribution de fourrages.

Rive droite de la Seine : le Capitaine-Adjudant de Place.............. VIART.
Rive gauche : le Capitaine-Adjudant de Place...................... COTEAU.

Du 8 au 9 Janvier.

Adjudant de Place de service à l'État - major...................... CARON.
Adjudant de Place de ronde de nuit............................ COTEAU.

Visite aux Casernes, Prisons, Hôpital, et distribution de fourrages.

Rive droite de la Seine : le Capitaine-Adjudant de Place.............. COTEAU.
Rive gauche : le Capitaine-Adjudant de Place...................... CORDIEZ.

Rien de nouveau.

Le Général de Brigade commandant la Garnison de Paris ;
CHARLOT.

Pour copie conforme :
L'Adjudant-commandant, Chef de l'État - major ,
BORREL.

GOUVERNEMENT DE PARIS.
ÉTAT-MAJOR DE LA GARNISON.

ORDRE du 8 Janvier 1806.

SERVICE DE L'ÉTAT-MAJOR DE LA GARNISON.

Du 8 au 9 Janvier.

Adjudant de Place de service à l'État-major......................... CARON.
Adjudant de Place de ronde de nuit............................. COTEAU.

Visite aux Casernes, Prisons, Hôpital, et distribution de fourrages.

Rive droite de la Seine : le Capitaine-Adjudant de Place............... COTEAU.
Rive gauche : le Capitaine-Adjudant de Place...................... CORDIEZ.

Du 9 au 10 Janvier.

Adjudant de Place de service à l'État-major......................... VILLERS.
Adjudant de Place de ronde de nuit............................. CORDIEZ.

Visite aux Casernes, Prisons, Hôpital, et distribution de fourrages.

Rive droite de la Seine : le Capitaine-Adjudant de Place.............. CORDIEZ.
Rive gauche : le Capitaine-Adjudant de Place...................... CARON.

Rien de nouveau.

Le Général de Brigade commandant la Garnison de Paris ,
CHARLOT.

Pour copie conforme :

L'Adjudant-commandant, Chef de l'État-major de la Garnison ,
BORREL.

GOUVERNEMENT DE PARIS.

ÉTAT-MAJOR DE LA GARNISON.

ORDRE du 10 Janvier 1806.

SERVICE DE L'ÉTAT-MAJOR DE LA GARNISON.

Du 10 au 11 Janvier.

djudant de Place de service à l'État-major...................... GRAILLARD.
djudant de Place de ronde de nuit................................ CARON.

Visite aux Casernes, Prisons, Hôpital, et distribution de fourrages.

ve droite de la Seine : le Capitaine-Adjudant de Place............... CARON.
ve gauche : le Capitaine-Adjudant de Place...................... VILLERS.

Du 11 au 12 Janvier.

udant de Place de service à l'État-major...................... SANSON.
udant de Place de ronde de nuit................................ VILLERS.

Visite aux Casernes, Prisons, Hôpital, et distribution de fourrages.

droite de la Seine : le Capitaine-Adjudant de Place.............. VILLERS.
gauche : le Capitaine-Adjudant de Place...................... GRAILLARD.

Rien de nouveau.

Le Général de Brigade commandant la Garnison de Paris,
CHARLOT.

Pour copie conforme :

L'Adjudant-commandant, Chef de l'État-major,
BORREL.

[illegible]

[illegible]

[illegible]

[illegible]

[illegible]

[illegible]

[illegible]

[illegible]

[illegible]

[illegible]

[illegible]

[illegible]

GOUVERNEMENT DE PARIS.
ÉTAT-MAJOR DE LA GARNISON.

ORDRE du 12 Janvier 1806.

SERVICE DE L'ÉTAT-MAJOR DE LA GARNISON.

Du 12 au 13 Janvier.

Adjudant de Place de service à l'État-major...................... COTEAU.
Adjudant de Place de ronde de nuit............................. GRAILLARD.

Visite aux Casernes, Prisons, Hôpital, et distribution de fourrages.

Rive droite de la Seine : le Capitaine-Adjudant de Place................ GRAILLARD.
Rive gauche : le Lieutenant-Adjudant de Place...................... SANSON.

Du 13 au 14 Janvier.

Adjudant de Place de service à l'État-major...................... CORDIEZ.
Adjudant de Place de ronde de nuit............................. SANSON.

Visite aux Casernes, Prisons, Hôpital, et distribution de fourrages.

Rive droite de la Seine : le Lieutenant-Adjudant de Place............. SANSON.
Rive gauche : le Capitaine-Adjudant de Place..................... COTEAU.

ORDRE GÉNÉRAL.

Le Général de Division premier Aide-de-camp de Mgr le Prince *Louis*, commandant, en l'absence de S. A. S., la première Division militaire et le Gouvernement de Paris, étant informé que souvent les billets d'hôpital, délivrés aux Militaires de la garnison, ne portent pas le signalement de l'individu, prescrit aux Chefs de Corps de veiller attentivement à ce que cette formalité ne soit jamais négligée.

Les Concierges des Maisons d'arrêts militaires, et principalement celui de Montaigu, contre lequel il a été porté plainte à ce sujet, sont personnellement responsables de l'exécution de cet ordre, dont l'inobservation a plusieurs fois occasionné l'inconvénient de ne pouvoir signaler des Militaires qui, transférés des Maisons d'arrêts aux Hôpitaux, s'en sont évadés.

Signé NOGUEZ.

Le Général de Brigade commandant la Garnison de Paris ,
CHARLOT.

Pour copie conforme :
L'Adjudant-commandant, Chef de l'État-major,
BORREL.

GOUVERNEMENT DE PARIS.

ÉTAT-MAJOR DE LA GARNISON.

ORDRE du 13 Janvier 1806.

SERVICE DE L'ÉTAT-MAJOR DE LA GARNISON.

Du 13 au 14 Janvier.

Adjudant de Place de service à l'État-major...................... CORDIEZ.
Adjudant de Place de ronde de nuit............................. SANSON.

Visite aux Casernes, Prisons, Hôpital, et distribution de fourrages.

Rive droite de la Seine : le Lieutenant-Adjudant de Place............. SANSON.
Rive gauche : le Capitaine-Adjudant de Place...................... COTEAU.

Du 14 au 15 Janvier.

Adjudant de Place de service à l'État-major...................... CARON.
Adjudant de Place de ronde de nuit............................. COTEAU.

Visite aux Casernes, Prisons, Hôpital, et distribution de fourrages.

Rive droite de la Seine : le Capitaine-Adjudant de Place............. COTEAU.
Rive gauche : le Capitaine-Adjudant de Place...................... CORDIEZ.

Rien de nouveau.

Le Général de Brigade commandant la Garnison de Paris,
CHARLOT.

Pour copie conforme :

L'Adjudant-commandant, Chef de l'État-major de la Garnison,
BORREL.

GOUVERNEMENT DE PARIS.
ÉTAT-MAJOR DE LA GARNISON.

ORDRE du 14 Janvier 1806.

SERVICE DE L'ÉTAT-MAJOR DE LA GARNISON.

Du 14 au 15 Janvier.

Adjudant de Place de service à l'État-major......................... CARON.
Adjudant de Place de ronde de nuit............................... COTEAU.

Visite aux Casernes, Prisons, Hôpital, et distribution dè fourrages.

Rive droite de la Seine : le Capitaine-Adjudant de Place............... COTEAU.
Rive gauche : le Capitaine-Adjudant de Place........................ CORDIEZ.

Du 15 au 16 Janvier.

Adjudant de Place de service à l'État-major......................... VILLERS.
Adjudant de Place de ronde de nuit............................... CORDIEZ.

Visite aux Casernes, Prisons, Hôpital, et distribution de fourrages.

Rive droite de la Seine : le Capitaine-Adjudant de Place............... CORDIEZ.
Rive gauche : le Capitaine-Adjudant de Place........................ CARON.

Rien de nouveau.

Le Général de Brigade commandant la Garnison de Paris ,
CHARLOT.

Pour copie conforme :

L'Adjudant-commandant, Chef de l'État-major de la Garnison ,
BORREL.

GOUVERNEMENT DE PARIS.
ÉTAT-MAJOR DE LA GARNISON.

ORDRE du 15 Janvier 1806.

SERVICE DE L'ÉTAT-MAJOR DE LA GARNISON.

Du 15 au 16 Janvier.

Adjudant de Place de service à l'État-major...................... VILLERS.
Adjudant de Place de ronde de nuit............................. CORDIEZ.

Visite aux Casernes, Prisons, Hôpital, et distribution de fourrages.

Rive. droite de la Seine : le Capitaine-Adjudant de Place.............. CORDIEZ.
Rive gauche : le Capitaine-Adjudant de Place .... CARON.

Du 16 au 17 Janvier.

Adjudant de Place de service à l'État-major...................... GRAILLARD.
Adjudant de Place de ronde de nuit............................. CARON.

Visite aux Casernes, Prisons, Hôpital, et distribution de fourrages.

Rive droite de la Seine : le Capitaine-Adjudant de Place.............. CARON.
Rive gauche : le Capitaine-Adjudant de Place...................... VILLERS.

Rien de nouveau.

Le Général de Brigade commandant la Garnison de Paris,
CHARLOT.

Pour copie conforme :

L'Adjudant-commandant, Chef de l'État-major de la Garnison,
BORREL.

GOUVERNEMENT DE PARIS.
ÉTAT-MAJOR DE LA GARNISON.

ORDRE du 16 Janvier 1806.

SERVICE DE L'ÉTAT-MAJOR DE LA GARNISON.

Du 16 au 17 Janvier.

Adjudant de Place de service à l'État-major...................... GRAILLARD.
Adjudant de Place de ronde de nuit............................... CARON.

Visite aux Casernes, Prisons, Hôpital, et distribution de fourrages.

Rive droite de la Seine : le Capitaine-Adjudant de Place................ CARON.
Rive gauche : le Capitaine-Adjudant de Place........................ VILLERS.

Du 17 au 18 Janvier.

Adjudant de Place de service à l'État-major...................... SANSON.
Adjudant de Place de ronde de nuit............................... VILLERS.

Visite aux Casernes, Prisons, Hôpital, et distribution de fourrages.

Rive droite de la Seine : le Capitaine-Adjudant de Place................ VILLERS.
Rive gauche : le Capitaine-Adjudant de Place........................ GRAILLARD.

ORDRE GÉNÉRAL du 15 Janvier 1806.

Le Général de Division NOGUÈS annonce avec infiniment de plaisir à Messieurs les Généraux, Officiers supérieurs et autres, à Messieurs les Administrateurs militaires et aux troupes employées au Gouvernement de Paris et dans la première Division militaire, que sa Majesté l'Empereur et Roi, et sa Majesté l'Impératrice-Reine, ont daigné recevoir avec une extrême bonté, à Munich, l'hommage de tous les sentimens consignés dans les adresses dont Monsieur le Général César BERTHIER, Chef de l'État-major général, a été l'organe au nom de tous les militaires.

NOGUÊS, *Général de Division, commandant provisoirement le Gouvernement de Paris et la première Division militaire.*

Pour copie conforme :

L'Officier supérieur faisant les fonctions de Chef de l'État-major général,
DEBON.

Le Général de Brigade commandant la Garnison de Paris,
CHARLOT.

Pour copie conforme :

L'Adjudant-commandant, Chef de l'État-major de la Garnison,
BORREL.

GOUVERNEMENT DE PARIS.
ÉTAT-MAJOR DE LA GARNISON.

ORDRE du 17 Janvier 1806.

SERVICE DE L'ÉTAT-MAJOR DE LA GARNISON.

Du 17 au 18 Janvier.

Adjudant de Place de service à l'État-major........................ SANSON.
Adjudant de Place de ronde de nuit............................... VILLERS.

Visite aux Casernes, Prisons, Hôpital, et distribution de fourrages.

Rive droite de la Seine : le Capitaine-Adjudant de Place.............. VILLERS.
Rive gauche : le Capitaine-Adjudant de Place....................... GRAILLARD.

Du 18 au 19 Janvier.

Adjudant de Place de service à l'État-major........................ VIART.
Adjudant de Place de ronde de nuit............................... GRAILLARD.

Visite aux Casernes, Prisons, Hôpital, et distribution de fourrages.

Rive droite de la Seine : le Capitaine-Adjudant de Place.............. GRAILLARD.
Rive gauche : le Lieutenant-Adjudant de Place...................... SANSON.

Rien de nouveau.

Le Général de Brigade commandant la Garnison de Paris,
CHARLOT.

Pour copie conforme :

L'Adjudant-commandant, Chef de l'État-major de la Garnison,
BORREL.

GOUVERNEMENT DE PARIS.
ÉTAT-MAJOR DE LA GARNISON.

ORDRE du 18 Janvier 1806.

SERVICE DE L'ÉTAT-MAJOR DE LA GARNISON.

Du 18 au 19 Janvier.

Adjudant de Place de service à l'État-major........................ VIART.
Adjudant de Place de ronde de nuit.............................. GRAILLARD.

Visite aux Casernes, Prisons, Hôpital, et distribution de fourrages.

Rive droite de la Seine : le Capitaine-Adjudant de Place............... GRAILLARD.
Rive gauche : le Lieutenant-Adjudant de Place...................... SANSON.

Du 19 au 20 Janvier.

Adjudant de Place de service à l'État-major........................ CORDIEZ.
Adjudant de Place de ronde de nuit.............................. SANSON.

Visite aux Casernes, Prisons, Hôpital, et distribution de fourrages.

Rive droite de la Seine : le Lieutenant-Adjudant de Place............. SANSON.
Rive gauche : le Capitaine-Adjudant de Place...................... VIART.

Rien de nouveau.

Le Général de Brigade commandant la Garnison de Paris,
CHARLOT.

Pour copie conforme :

L'Adjudant-commandant, Chef de l'État-major de la Garnison,
BORREL.

GOUVERNEMENT DE PARIS.
ÉTAT-MAJOR DE LA GARNISON.

ORDRE du 19 Janvier 1806.

SERVICE DE L'ÉTAT-MAJOR DE LA GARNISON.

Du 19 au 20 Janvier.

Adjudant de Place de service à l'État-major........................ CORDIEZ.
Adjudant de Place de ronde de nuit.............................. SANSON.

Visite aux Casernes, Prisons, Hôpital, et distribution de fourrages.

Rive droite de la Seine : le Lieutenant-Adjudant de Place............. SANSON.
Rive gauche : le Capitaine-Adjudant de Place...................... VIART.

Du 20 au 21 Janvier.

Adjudant de Place de service à l'État-major....................... CARON.
Adjudant de Place de ronde de nuit............................. VIART.

Visite aux Casernes, Prisons, Hôpital, et distribution de fourrages.

Rive droite de la Seine : le Capitaine-Adjudant de Place.............. VIART.
Rive gauche : le Lieutenant-Adjudant de Place..................... CORDIEZ.

Rien de nouveau.

Le Général de Brigade commandant la Garnison de Paris,
CHARLOT.

Pour copie conforme :

L'Adjudant-commandant, Chef de l'État-major de la Garnison,
BORREL.

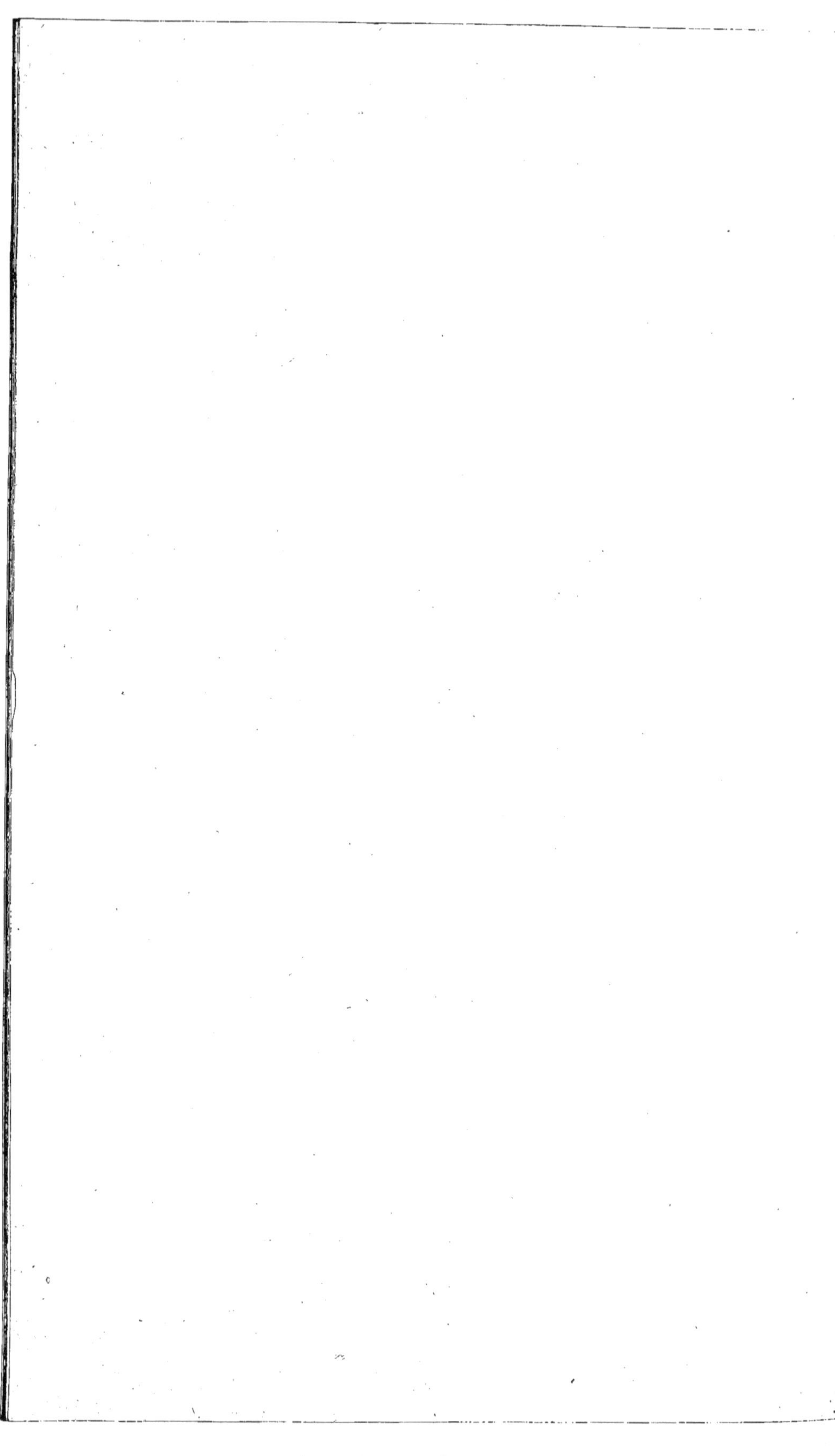

GOUVERNEMENT DE PARIS.
ÉTAT-MAJOR DE LA GARNISON.

ORDRE du 20 Janvier 1806.

SERVICE DE L'ÉTAT-MAJOR DE LA GARNISON.

Du 20 au 21 Janvier.

Adjudant de Place de service à l'État-major...................... CARON.
Adjudant de Place de ronde de nuit............................ VIART.

Visite aux Casernes, Prisons, Hôpital, et distribution de fourrages.

Rive droite de la Seine : le Capitaine-Adjudant de Place............... VIART.
Rive gauche : le Capitaine-Adjudant de Place...................... CORDIEZ.

Du 21 au 22 Janvier.

Adjudant de Place de service à l'État-major...................... VILLERS.
Adjudant de Place de ronde de nuit............................ CORDIEZ.

Visite aux Casernes, Prisons, Hôpital, et distribution de fourrages.

Rive droite de la Seine : le Capitaine-Adjudant de Place............... CORDIEZ.
Rive gauche : le Capitaine-Adjudant de Place...................... CARON.

Rien de nouveau.

Le Général de Brigade commandant la Garnison de Paris,
CHARLOT.

Pour copie conforme :

L'Adjudant-commandant, Chef de l'État-major de la Garnison,
BORREL.

GOUVERNEMENT DE PARIS.
ÉTAT-MAJOR DE LA GARNISON.

ORDRE du 21 Janvier 1806.

SERVICE DE L'ÉTAT-MAJOR DE LA GARNISON.

Du 21 au 22 Janvier.

Adjudant de Place de service à l'État-major...................... VILLERS.
Adjudant de Place de ronde de nuit.......................... CORDIEZ.

Visite aux Casernes, Prisons, Hôpital, et distribution de fourrages.

Rive droite de la Seine : le Capitaine-Adjudant de Place............... CORDIEZ.
Rive gauche : le Capitaine-Adjudant de Place...................... CARON.

Du 22 au 23 Janvier.

Adjudant de Place de service à l'État-major...................... GRAILLARD.
Adjudant de Place de ronde de nuit.......................... CARON.

Visite aux Casernes, Prisons, Hôpital, et distribution de fourrages.

Rive droite de la Seine : le Capitaine-Adjudant de Place............... CARON.
Rive gauche : le Capitaine-Adjudant de Place...................... VILLERS.

Rien de nouveau.

Le Général de Brigade commandant la Garnison de Paris,
CHARLOT.

Pour copie conforme :

L'Adjudant-commandant, Chef de l'État-major;
BORREL.

GOUVERNEMENT DE PARIS.

ÉTAT-MAJOR DE LA GARNISON.

ORDRE du 22 Janvier 1806.

SERVICE DE L'ÉTAT-MAJOR DE LA GARNISON.

Du 22 au 23 Janvier.

Adjudant de Place de service à l'État-major...................... GRAILLARD.
Adjudant de Place de ronde de nuit............................. CARON.

Visite aux Casernes, Prisons, Hôpital, et distribution de fourrages.

Rive droite de la Seine : le Capitaine-Adjudant de Place............... CARON.
Rive gauche : le Capitaine-Adjudant de Place...................... VILLERS.

Du 23 au 24 Janvier.

Adjudant de Place de service à l'État-major...................... SANSON.
Adjudant de Place de ronde de nuit............................. VILLERS.

Visite aux Casernes, Prisons, Hôpital, et distribution de fourrages.

Rive droite de la Seine : le Capitaine-Adjudant de Place............... VILLERS.
Rive gauche : le Capitaine-Adjudant de Place...................... GRAILLARD.

Rien de nouveau.

Le Général de Brigade commandant la Garnison de Paris,
CHARLOT.

Pour copie conforme :

L'Adjudant-commandant, Chef de l'État-major,
BORREL.

GOUVERNEMENT DE PARIS.
ÉTAT-MAJOR DE LA GARNISON.

ORDRE du 23 Janvier 1806.

Du 23 au 24 Janvier.

Adjudant de Place de service à l'État-major....................... SANSON.
Adjudant de Place de ronde de nuit............................... VILLERS.

Visite aux Casernes, Prisons, Hôpital, et distribution de fourrages.

Rive droite de la Seine : le Capitaine-Adjudant de Place............. VILLERS.
Rive gauche : le Capitaine-Adjudant de Place...................... GRAILLARD.

Du 24 au 25 Janvier.

Adjudant de Place de service à l'État-major....................... VIART.
Adjudant de Place de ronde de nuit............................... GRAILLARD.

Visite aux Casernes, Prisons, Hôpital, et distribution de fourrages.

Rive droite de la Seine : le Capitaine-Adjudant de Place............. GRAILLARD.
Rive gauche : le Lieutenant-Adjudant de Place..................... SANSON.

Rien de nouveau.

Le Général de Brigade commandant la Garnison de Paris,
CHARLOT.

Pour copie conforme :

L'Adjudant-commandant, Chef de l'État-major de la Garnison,
BORREL.

GOUVERNEMENT DE PARIS.
ÉTAT-MAJOR DE LA GARNISON.

ORDRE du 24 Janvier 1806.

SERVICE DE L'ÉTAT-MAJOR DE LA GARNISON.

Du 24 au 25 Janvier.

Adjudant de Place de service à l'État-major........................ VIART.
Adjudant de Place de ronde de nuit................................. GRAILLARD.

Visite aux Casernes, Prisons, Hôpital, et distribution de fourrages.

Rive droite de la Seine : le Capitaine-Adjudant de Place.............. GRAILLARD.
Rive gauche : le Lieutenant-Adjudant de Place........................ SANSON.

Du 25 au 26 Janvier.

Adjudant de Place de service à l'État-major........................ COTEAU.
Adjudant de Place de ronde de nuit................................. SANSON.

Visite aux Casernes, Prisons, Hôpital, et distribution de fourrages.

Rive droite de la Seine : le Lieutenant-Adjudant de Place............. SANSON.
Rive gauche : le Capitaine-Adjudant de Place........................ VIART.

Rien de nouveau.

Le Général de Brigade commandant la Garnison de Paris,
CHARLOT.

Pour copie conforme :

L'Adjudant-commandant, Chef de l'État-major de la Garnison,
BORREL.

GOUVERNEMENT DE PARIS.
ÉTAT-MAJOR DE LA GARNISON.

ORDRE du 26 Janvier 1806.

SERVICE DE L'ÉTAT-MAJOR DE LA GARNISON.

Du 26 au 27 Janvier.

Adjudant de Place de service à l'État-major...................... CARON.
Adjudant de Place de ronde de nuit............................. VIART.

Visite aux Casernes, Prisons, Hôpital, et distribution de fourrages.

Rive droite de la Seine : le Capitaine-Adjudant de Place............... VIART.
Rive gauche : le Capitaine-Adjudant de Place...................... COTEAU.

Du 27 au 28 Janvier.

Adjudant de Place de service à l'État-major...................... VILLERS.
Adjudant de Place de ronde de nuit............................. COTEAU.

Visite aux Casernes, Prisons, Hôpital, et distribution de fourrages.

Rive droite de la Seine : le Capitaine-Adjudant de Place............... COTEAU.
Rive gauche : le Capitaine-Adjudant de Place...................... CARON.

Rien de nouveau.

Le Général de Brigade commandant la Garnison de Paris,
CHARLOT.

Pour copie conforme :

L'Adjudant-commandant, Chef de l'État-major de la Garnison,
BORREL.

GOUVERNEMENT DE PARIS.
ÉTAT-MAJOR DE LA GARNISON.

ORDRE du 27 Janvier 1806.

SERVICE DE L'ÉTAT-MAJOR DE LA GARNISON.

Du 27 au 28 Janvier.

Adjudant de Place de service à l'État-major.......................... VILLERS.
Adjudant de Place de ronde de nuit................................. COTEAU.

Visite aux Casernes, Prisons, Hôpital, et distribution de fourrages.

Rive droite de la Seine : le Capitaine-Adjudant de Place.............. COTEAU.
Rive gauche : le Capitaine-Adjudant de Place........................ CARON.

Du 28 au 29 Janvier.

Adjudant de Place de service à l'État-major......................... GRAILLARD.
Adjudant de Place de ronde de nuit................................. CARON.

Visite aux Casernes, Prisons, Hôpital, et distribution de fourrages.

Rive droite de la Seine : le Capitaine-Adjudant de Place.............. CARON.
Rive gauche : le Capitaine-Adjudant de Place........................ VILLERS.

Rien de nouveau.

Le Général de Brigade commandant la Garnison de Paris,
CHARLOT.

Pour copie conforme :

L'Adjudant-commandant, Chef de l'État-major de la Garnison,
BORREL.

GOUVERNEMENT DE PARIS.
ÉTAT-MAJOR DE LA GARNISON.

ORDRE du 28 Janvier 1806.

Du 28 au 29 Janvier.

Adjudant de Place de service à l'État-major...................... GRAILLARD.
Adjudant de Place de ronde de nuit............................ CARON.

Visite aux Casernes, Prisons, Hôpital, et distribution de fourrages.

Rive droite de la Seine : le Capitaine-Adjudant de Place............... CARON.
Rive gauche : le Capitaine-Adjudant de Place........................ VILLERS.

Du 29 au 30 Janvier.

Adjudant de Place de service à l'État-major...................... SANSON.
Adjudant de Place de ronde de nuit............................ VILLERS.

Visite aux Casernes, Prisons, Hôpital, et distribution de fourrages.

Rive droite de la Seine : le Capitaine-Adjudant de Place.............. VILLERS.
Rive gauche : le Capitaine-Adjudant de Place...................... GRAILLARD.

Rien de nouveau.

Le Général de Brigade commandant la Garnison de Paris,
CHARLOT.

Pour copie conforme :

L'Adjudant-commandant, Chef de l'État-major de la Garnison,
BORREL.

GOUVERNEMENT DE PARIS.

ÉTAT-MAJOR DE LA GARNISON.

ORDRE du 29 Janvier 1806.

SERVICE DE L'ÉTAT-MAJOR DE LA GARNISON.

Du 29 au 30 Janvier.

Adjudant de Place de service à l'État-major......................... SANSON.
Adjudant de Place de ronde de nuit................................ VILLERS.

Visite aux Casernes, Prisons, Hôpital, et distribution de fourrages.

Rive droite de la Seine : le Capitaine-Adjudant de Place.............. VILLERS.
Rive gauche : le Capitaine-Adjudant de Place...................... GRAILLARD.

Du 30 au 31 Janvier.

Adjudant de Place de service à l'État-major........................ VIART.
Adjudant de Place de ronde de nuit.............................. GRAILLARD.

Visite aux Casernes, Prisons, Hôpital, et distribution de fourrages.

Rive droite de la Seine : le Capitaine-Adjudant de Place.............. GRAILLARD.
Rive gauche : le Lieutenant-Adjudant de Place...................... SANSON.

Rien de nouveau.

Le Général de Division commandant les troupes de la Garnison de Paris, faisant provisoirement les fonctions de Chef de l'État-major de la 1.re Division militaire,

BROUSSIER.

Pour copie conforme :

L'Adjudant-commandant, Chef de l'État-major de la Garnison,

BORREL.

GOUVERNEMENT DE PARIS.

ÉTAT-MAJOR DE LA GARNISON.

ORDRE du 30 Janvier 1806.

SERVICE DE L'ÉTAT-MAJOR DE LA GARNISON.

Du 30 au 31 Janvier.

Adjudant de Place de service à l'État-major......................... VIART.
Adjudant de Place de ronde de nuit.............................. GRAILLARD.

Visite aux Casernes, Prisons, Hôpital, et distribution de fourrages.

Rive droite de la Seine : le Capitaine-Adjudant de Place............... GRAILLARD.
Rive gauche : le Lieutenant-Adjudant de Place....................... SANSON.

Du 31 Janvier au 1.ᵉʳ Février.

Adjudant de Place de service à l'État-major......................... COTEAU.
Adjudant de Place de ronde de nuit............................... SANSON.

Visite aux Casernes, Prisons, Hôpital, et distribution de fourrages.

Rive droite de la Seine : le Lieutenant-Adjudant de Place.............. SANSON.
Rive gauche : le Capitaine-Adjudant de Place....................... VIART.

Rien de nouveau.

Le Général de Division commandant les troupes de la Garnison de Paris, faisant provisoirement les fonctions de Chef de l'État-major de la 1.ʳᵉ Division militaire,

BROUSSIER.

Pour copie conforme :

L'Adjudant-commandant, Chef de l'État-major de la Garnison,

DOUCET.

GOUVERNEMENT DE PARIS.

ÉTAT-MAJOR DE LA GARNISON.

ORDRE du 31 Janvier 1806.

SERVICE DE L'ÉTAT-MAJOR DE LA GARNISON.

Du 31 Janvier au 1.er Février.

Adjudant de Place de service à l'État-major......................... COTEAU.

Adjudant de Place de ronde de nuit.............................. SANSON.

Visite aux Casernes, Prisons, Hôpital, et distribution de fourrages.

Rive droite de la Seine : le Lieutenant-Adjudant de Place.............. SANSON.

Rive gauche : le Capitaine-Adjudant de Place....................... VIART.

Du 1.er au 2 Février.

Adjudant de Place de service à l'État-major......................... CORDIEZ.

Adjudant de Place de ronde de nuit.............................. VIART.

Visite aux Casernes, Prisons, Hôpital, et distribution de fourrages.

Rive droite de la Seine : le Capitaine-Adjudant de Place................ VIART.

Rive gauche : le Capitaine-Adjudant de Place...................... COTEAU.

Paris, le 30 Janvier 1806.

ORDRE DU JOUR.

Le Général commandant les troupes de la Garnison de Paris sera, à l'avenir, chargé du recrutement,

De la surveillance et de la distribution du casernement des troupes,

De la surveillance des prisonniers de guerre qui se trouveront dans la capitale.

Les Adjudans d'arrondissement lui adresseront tous les jours, à huit heures du matin, tous les rapports relatifs aux événemens, au service des spectacles, de même que les rapports qu'ils adressaient au Chef de l'État-major général.

L'Adjudant-commandant *Doucet* reprendra près du Général commandant la Garnison, à dater d'aujourd'hui, les fonctions de Sous-chef de l'État-major du Gouvernement de Paris ; il travaillera directement avec le Général commandant la Garnison, et lui fera tous ses rapports.

L'Adjudant-commandant *Borrel* reprendra les fonctions de Président du deuxième Conseil de guerre de la première Division, qu'il remplissait auparavant.

Le Prince Grand-Amiral de l'Empire, Lieutenant de sa Majesté l'Empereur et Roi,
Gouverneur de Paris,

Signé MURAT.

Pour copie conforme :

Le Général de Division commandant les troupes de la Garnison de Paris, faisant provisoirement les fonctions de Chef de l'État-major de la 1.re Division militaire,

Signé BROUSSIER.

Pour copie conforme :

L'Adjudant-commandant, Chef de l'État-major de la Garnison,

DOUCET.

GOUVERNEMENT DE PARIS.
ÉTAT-MAJOR DE LA GARNISON.

ORDRE du 1.er Février 1806.

SERVICE DE L'ÉTAT-MAJOR DE LA GARNISON.

Du 1.er au 2 Février.

Adjudant de Place de service à l'État - major.......................... CORDIEZ.
Adjudant de Place de ronde de nuit................................ VIART.

Visite aux Casernes, Prisons, Hôpital, et distribution de fourrages.

Rive droite de la Seine : le Capitaine-Adjudant de Place............... VIART.
Rive gauche : le Capitaine-Adjudant de Place........................ COTEAU.

Du 2 au 3 Février.

Adjudant de Place de service à l'État - major.......................... CARON.
Adjudant de Place de ronde de nuit................................ COTEAU.

Visite aux Casernes, Prisons, Hôpital, et distribution de fourrages.

Rive droite de la Seine : le Capitaine-Adjudant de Place.............. COTEAU.
Rive gauche : le Capitaine-Adjudant de Place........................ CORDIEZ.

Rien de nouveau.

Le Général de Division commandant les troupes de la Garnison de Paris, et faisant provisoirement les fonctions de Chef de l'État-major de la 1.re Division militaire,

Signé BROUSSIER.

Pour copie conforme :

L'Adjudant-commandant, Chef de l'État-major de la Garnison,

DOUCET.

GOUVERNEMENT DE PARIS.

ÉTAT-MAJOR DE LA GARNISON.

ORDRE du 2 Février 1806.

SERVICE DE L'ÉTAT-MAJOR DE LA GARNISON.

Du 2 au 3 Février.

Adjudant de Place de service à l'État-major...................... VILLERS.
Adjudant de Place de ronde de nuit............................ COTEAU.

Visite aux Casernes, Prisons, Hôpital, et distribution de fourrages.

Rive droite de la Seine : le Capitaine-Adjudant de Place............... COTEAU.
Rive gauche : le Capitaine-Adjudant de Place...................... CORDIEZ.

Du 3 au 4 Février.

Adjudant de Place de service à l'État-major...................... GRAILLARD.
Adjudant de Place de ronde de nuit............................ CORDIEZ.

Visite aux Casernes, Prisons, Hôpital, et distribution de fourrages.

Rive droite de la Seine : le Capitaine-Adjudant de Place............... CORDIEZ.
Rive gauche : le Capitaine-Adjudant de Place...................... VILLERS.

Rien de nouveau.

Le Général de Division commandant la Garnison de Paris, et faisant provisoirement les fonctions de Chef de l'État-major général,

BROUSSIER.

Pour copie conforme :

L'Adjudant-commandant, Sous-chef de l'État-major du Gouvernement de Paris,

DOUCET.

GOUVERNEMENT DE PARIS.
ÉTAT-MAJOR DE LA GARNISON.

ORDRE du 3 Février 1806.

SERVICE DE L'ÉTAT-MAJOR DE LA GARNISON.

Du 3 au 4 Février.

Adjudant de Place de service à l'État-major........................ GRAILLARD.
Adjudant de Place de ronde de nuit............................. CORDIEZ.

Visite aux Casernes, Prisons, Hôpital, et distribution de fourrages.

Rive droite de la Seine : le Capitaine-Adjudant de Place............... CORDIEZ.
Rive gauche : le Capitaine-Adjudant de Place...................... VILLERS.

Du 4 au 5 Février.

Adjudant de Place de service à l'État-major........................ SANSON.
Adjudant de Place de ronde de nuit............................. VILLERS.

Visite aux Casernes, Prisons, Hôpital, et distribution de fourrages.

Rive droite de la Seine : le Capitaine-Adjudant de Place............... VILLERS.
Rive gauche : le Capitaine-Adjudant de Place...................... GRAILLARD.

Rien de nouveau.

Le Général de Division commandant la Garnison de Paris, et faisant provisoirement les fonctions de Chef de l'État-major général,

BROUSSIER.

Pour copie conforme :

L'Adjudant-commandant, Sous-chef de l'État-major du Gouvernement de Paris,

DOUCET.

GOUVERNEMENT DE PARIS.
ÉTAT-MAJOR DE LA GARNISON.

ORDRE du 4 Février 1806.

SERVICE DE L'ÉTAT-MAJOR DE LA GARNISON.

Du 4 au 5 Février.

Adjudant de Place de service à l'État-major........................ SANSON.
Adjudant de Place de ronde de nuit................................. VILLERS.

Visite aux Casernes, Prisons, Hôpital, et distribution de fourrages.

Rive droite de la Seine : le Capitaine-Adjudant de Place............... VILLERS.
Rive gauche : le Capitaine-Adjudant de Place....................... GRAILLARD.

Du 5 au 6 Février.

Adjudant de Place de service à l'État-major........................ VIART.
Adjudant de Place de ronde de nuit................................ GRAILLARD.

Visite aux Casernes, Prisons, Hôpital, et distribution de fourrages.

Rive droite de la Seine : le Capitaine-Adjudant de Place.............. GRAILLARD.
Rive gauche : le Lieutenant-Adjudant de Place...................... SANSON.

Rien de nouveau.

*Le Général de Division commandant la Garnison de Paris, et faisant
provisoirement les fonctions de Chef de l'État-major général,*

BROUSSIER.

Pour copie conforme :

L'Adjudant-commandant, Sous-chef de l'État-major du Gouvernement de Paris ;

DOUCET.

GOUVERNEMENT DE PARIS.

ÉTAT-MAJOR DE LA GARNISON.

ORDRE du 5 Février 1806.

SERVICE DE L'ÉTAT-MAJOR DE LA GARNISON.

Du 5 au 6 Février.

Adjudant de Place de service à l'État - major........................... VIART.
Adjudant de Place de ronde de nuit............................... GRAILLARD.

Visite aux Casernes, Prisons, Hôpital, et distribution de fourrages.

Rive droite de la Seine : le Capitaine-Adjudant de Place.............. GRAILLARD.
Rive gauche : le Lieutenant-Adjudant de Place....................... SANSON.

Du 6 au 7 Février.

Adjudant de Place de service à l'État - major........................... COTEAU.
Adjudant de Place de ronde de nuit............................... SANSON.

Visite aux Casernes, Prisons, Hôpital, et distribution de fourrages.

Rive droite de la Seine : le Lieutenant-Adjudant de Place.............. SANSON.
Rive gauche : le Capitaine-Adjudant de Place....................... VIART.

Rien de nouveau.

Le Général de Division commandant la Garnison de Paris, et faisant provisoirement les fonctions de Chef de l'État-major de la 1.ʳᵉ Division militaire,

BROUSSIER.

Pour copie conforme :

L'Adjudant-commandant, Sous-chef de l'État-major du Gouvernement de Paris,

DOUCET.

GOUVERNEMENT DE PARIS.
ÉTAT-MAJOR DE LA GARNISON.

ORDRE du 6 Février 1806.

SERVICE DE L'ÉTAT-MAJOR DE LA GARNISON.

Du 6 au 7 Février.

Adjudant de Place de service à l'État-major......................... COTEAU.
Adjudant de Place de ronde de nuit.............................. SANSON.

Visite aux Casernes, Prisons, Hôpital, et distribution de fourrages.

Rive droite de la Seine : le Lieutenant-Adjudant de Place............... SANSON.
Rive gauche : le Capitaine-Adjudant de Place........................ VIART.

Du 7 au 8 Février.

Adjudant de Place de service à l'État-major......................... CORDIEZ.
Adjudant de Place de ronde de nuit.............................. VIART.

Visite aux Casernes, Prisons, Hôpital, et distribution de fourrages.

Rive droite de la Seine : le Capitaine-Adjudant de Place............... VIART.
Rive gauche : le Capitaine-Adjudant de Place........................ COTEAU.

Rien de nouveau.

Le Général de Division commandant la Garnison de Paris, et faisant provisoirement les fonctions de Chef de l'État-major de la 1.re Division militaire,

BROUSSIER.

Pour copie conforme :

L'Adjudant-commandant, Sous-chef de l'État-major du Gouvernement de Paris,

DOUCET.

GOUVERNEMENT DE PARIS.
ÉTAT-MAJOR DE LA GARNISON.

ORDRE du 7 Février 1806.

Du 7 au 8 Février.

Adjudant de Place de service à l'État-major......................... CORDIEZ.
Adjudant de Place de ronde de nuit............................... VIART.

Visite aux Casernes, Prisons, Hôpital, et distribution de fourrages.

Rive droite de la Seine : le Capitaine-Adjudant de Place............... VIART.
Rive gauche : le Capitaine-Adjudant de Place........................ COTEAU.

Du 8 au 9 Février.

Adjudant de Place de service à l'État-major......................... CARON.
Adjudant de Place de ronde de nuit............................... COTEAU.

Visite aux Casernes, Prisons, Hôpital, et distribution de fourrages.

Rive droite de la Seine : le Capitaine-Adjudant de Place............... COTEAU.
Rive gauche : le Capitaine-Adjudant de Place........................ CORDIEZ.

Rien de nouveau.

L'Adjudant-commandant, Sous-chef de l'État-major du Gouvernemeut de Paris,
DOUCET.

GOUVERNEMENT DE PARIS.
ÉTAT-MAJOR DE LA GARNISON.

ORDRE du 8 Février 1806.

Du 8 au 9 Février.

Adjudant de Place de service à l'État-major........................ CARON.
Adjudant de Place de ronde de nuit............................. COTEAU.

Visite aux Casernes, Prisons, Hôpital, et distribution de fourrages.

Rive droite de la Seine : le Capitaine-Adjudant de Place................ COTEAU.
Rive gauche : le Capitaine-Adjudant de Place........................ CORDIEZ.

Du 9 au 10 Février.

Adjudant de Place de service à l'État-major........................ GRAILLARD.
Adjudant de Place de ronde de nuit............................. CORDIEZ.

Visite aux Casernes, Prisons, Hôpital, et distribution de fourrages.

Rive droite de la Seine : le Capitaine-Adjudant de Place................ CORDIEZ.
Rive gauche : le Capitaine-Adjudant de Place........................ CARON.

Rien de nouveau.

L'Adjudant-commandant, Sous-chef de l'État-major du Gouvernement de Paris,

DOUCET.

GOUVERNEMENT DE PARIS.

ÉTAT-MAJOR DE LA GARNISON.

ORDRE du 9 Février 1806.

SERVICE DE L'ÉTAT-MAJOR DE LA GARNISON.

Du 9 au 10 Février.

Adjudant de Place de service à l'État-major......................... GRAILLARD.
Adjudant de Place de ronde de nuit................................. CORDIEZ.

Visite aux Casernes, Prisons, Hôpital, et distribution de fourrages.

Rive droite de la Seine : le Capitaine-Adjudant de Place............... CORDIEZ.
Rive gauche : le Capitaine-Adjudant de Place........................ CARON.

Du 10 au 11 Février.

Adjudant de Place de service à l'État-major......................... SANSON.
Adjudant de Place de ronde de nuit................................. CARON.

Visite aux Casernes, Prisons, Hôpital, et distribution de fourrages.

Rive droite de la Seine : le Capitaine-Adjudant de Place............... CARON.
Rive gauche : le Capitaine-Adjudant de Place........................ GRAILLARD.

Rien de nouveau.

L'Adjudant-commandant, Sous-chef de l'État-major du Gouvernement de Paris,

DOUCET.

GOUVERNEMENT DE PARIS.
ÉTAT-MAJOR DE LA GARNISON.

ORDRE du 10 Février 1806.

SERVICE DE L'ÉTAT-MAJOR DE LA GARNISON.

Du 10 au 11 Février.

Adjudant de Place de service à l'État-major...................... SANSON.
Adjudant de Place de ronde de nuit.............................. CARON.

Visite aux Casernes, Prisons, Hôpital, et distribution de fourrages.

Rive droite de la Seine : le Capitaine-Adjudant de Place............... CARON.
Rive gauche : le Capitaine-Adjudant de Place...................... GRAILLARD.

Du 11 au 12 Février.

Adjudant de Place de service à l'État-major...................... VIART.
Adjudant de Place de ronde de nuit.............................. GRAILLARD.

Visite aux Casernes, Prisons, Hôpital, et distribution de fourrages.

Rive droite de la Seine : le Capitaine-Adjudant de Place............... GRAILLARD.
Rive gauche : le Capitaine-Adjudant de Place...................... SANSON.

ORDRE GÉNÉRAL.

Monseigneur le Prince MURAT s'est aperçu que les troupes qui circulent journellement dans Paris, n'ont pas généralement la tenue militaire qui convient au soldat Français.

S. A. S. ordonne aux chefs des Corps qui composent la Garnison de la Capitale, de tenir sévèrement la main à ce que l'inspection de propreté se fasse exactement tous les jours, et à ce qu'aucun soldat ne puisse sortir de son quartier sans être vêtu et coëfé ainsi que le prescrivent les réglemens.

S. A. S. rend les chefs de Corps personnellement responsables de toute infraction aux dispositions du présent ordre, qui sera lu, et affiché dans toutes les casernes de la Garnison.

L'Adjudant-commandant, Sous-chef de l'État-major du Gouvernement de Paris,

DOUCET.

GOUVERNEMENT DE PARIS.

ÉTAT-MAJOR DE LA GARNISON.

ORDRE du 11 Février 1806.

SERVICE DE L'ÉTAT-MAJOR DE LA GARNISON.

Du 11 au 12 Février.

Adjudant de Place de service à l'État-major........................ VIART.
Adjudant de Place de ronde de nuit................................ GRAILLARD.

Visite aux Casernes, Prisons, Hôpital, et distribution de fourrages.

Rive droite de la Seine : le Capitaine-Adjudant de Place.............. GRAILLARD.
Rive gauche : le Lieutenant-Adjudant de Place...................... SANSON.

Du 12 au 13 Février.

Adjudant de Place de service à l'État-major........................ COTEAU.
Adjudant de Place de ronde de nuit................................ SANSON.

Visite aux Casernes, Prisons, Hôpital, et distribution de fourrages.

Rive droite de la Seine : le Lieutenant-Adjudant de Place.............. SANSON.
Rive gauche : le Capitaine-Adjudant de Place...................... VIART.

Rien de nouveau.

L'Adjudant-commandant, Sous-chef de l'État-major du Gouvernement de Paris,
DOUCET.

GOUVERNEMENT DE PARIS.
ÉTAT-MAJOR DE LA GARNISON.

ORDRE du 12 Février 1806.

SERVICE DE L'ÉTAT-MAJOR DE LA GARNISON.

Du 12 au 13 Février.

Adjudant de Place de service à l'État-major........................ CORDIEZ.
Adjudant de Place de ronde de nuit............................... SANSON.

Visite aux Casernes, Prisons, Hôpital, et distribution de fourrages.

Rive droite de la Seine : le Lieutenant-Adjudant de Place............... SANSON.
Rive gauche : le Capitaine-Adjudant de Place........................ VIART.

Du 13 au 14 Février.

Adjudant de Place de service à l'État-major........................ CARON.
Adjudant de Place de ronde de nuit............................... VIART.

Visite aux Casernes, Prisons, Hôpital, et distribution de fourrages.

Rive droite de la Seine : le Capitaine-Adjudant de Place............... VIART.
Rive gauche : le Capitaine-Adjudant de Place....................... CORDIEZ.

ORDRE GÉNÉRAL.

S. A. S. le Prince MURAT, Grand-Amiral de l'Empire, Lieutenant de Sa Majesté l'Empereur et Roi, Gouverneur de Paris, témoigne sa satisfaction sur la bonne tenue des différens corps de la Garnison qu'il a passés en revue le 10 de ce mois aux Champs-Élysées ; il recommande à MM. les Colonels et Majors de redoubler d'ardeur pour le travail de l'instruction de leurs corps respectifs, afin que, réunis lorsque le temps le permettra, ils puissent de plus en plus mériter les mêmes éloges.

Signé MURAT.

Pour copie conforme :

L'Adjudant-commandant, Sous-chef de l'État-major du Gouvernement de Paris,

DOUCET.

GOUVERNEMENT DE PARIS.

ÉTAT-MAJOR DE LA GARNISON.

ORDRE du 13 Février 1806.

SERVICE DE L'ÉTAT-MAJOR DE LA GARNISON.

Du 13 au 14 Février.

Adjudant de Place de service à l'État-major...................... CARON.
Adjudant de Place de ronde de nuit........................... VIART.

Visite aux Casernes, Prisons, Hôpital, et distribution de fourrages.

Rive droite de la Seine : le Capitaine-Adjudant de Place............... VIART.
Rive gauche : le Capitaine-Adjudant de Place..................... CORDIEZ.

Du 14 au 15 Février.

Adjudant de Place de service à l'État-major...................... VILLERS.
Adjudant de Place de ronde de nuit........................... CORDIEZ.

Visite aux Casernes, Prisons, Hôpital, et distribution de fourrages.

Rive droite de la Seine : le Capitaine-Adjudant de Place............... CORDIEZ.
Rive gauche : le Capitaine-Adjudant de Place..................... CARON.

ORDRE GÉNÉRAL.

Conformément aux ordres de S. A. S. Monseigneur le Prince MURAT, Grand-Amiral de l'Empire, Lieutenant de sa Majesté l'Empereur et Roi, Gouverneur de Paris, Messieurs les Officiers généraux et supérieurs arrivant à Paris par congé, permission, et pour quelque motif que ce soit, sont invités à se rendre, dans les vingt-quatre heures de leur arrivée, au quartier général, rue Neuve-des-Capucines, près la place Vendôme, à l'effet d'y faire inscrire leur nom et leur demeure.

Les Officiers de tout autre grade se rendront à l'État-major du Gouvernement de Paris, quai Voltaire, N.° 7, pour y remplir les mêmes formalités, qui sont d'autant plus indispensables, que souvent des ordres ministériels donnés à des Officiers momentanément à Paris, éprouvent du retard dans leur transmission, et par conséquent dans l'exécution, faute de connaître la demeure de ceux à qui ils sont adressés.

Lorsqu'un Officier général, supérieur ou autre, partira de Paris, il devra également en donner avis à l'État-major où il aura été enregistré en arrivant.

L'Adjudant-commandant, Sous-chef de l'État-major du Gouvernement de Paris,

DOUCET.

GOUVERNEMENT DE PARIS.

ÉTAT-MAJOR DE LA GARNISON.

ORDRE du 14 Février 1806.

SERVICE DE L'ÉTAT-MAJOR DE LA GARNISON.

Du 14 au 15 Février.

Adjudant de Place dé service à l'État-major......................... VILLERS.
Adjudant de Place de ronde de nuit.............................. CORDIEZ.

Visite aux Casernes, Prisons, Hôpital, et distribution de fourrages.

Rive droite de la Seine : le Capitaine-Adjudant de Place................ CORDIEZ.
Rive gauche : le Capitaine-Adjudant de Place....................... CARON.

Du 15 au 16 Février.

Adjudant de Place de service à l'État-major......................... GRAILLARD.
Adjudant de Place de ronde de nuit.............................. CARON.

Visite aux Casernes, Prisons, Hôpital, et distribution de fourrages.

Rive droite de la Seine : le Capitaine-Adjudant de Place............... CARON.
Rive gauche : le Capitaine-Adjudant de Place....................... VILLERS.

Rien de nouveau.

L'Adjudant-commandant, Sous-chef de l'État-major du Gouvernement de Paris,

D O U C E T.

GOUVERNEMENT DE PARIS.
ÉTAT-MAJOR DE LA GARNISON.

ORDRE du 15 Février 1806.

SERVICE DE L'ÉTAT-MAJOR DE LA GARNISON.

Du 15 au 16 Février.

Adjudant de Place de service à l'État-major...................... GRAILLARD.
Adjudant de Place de ronde de nuit............................ CARON.

Visite aux Casernes, Prisons, Hôpital, et distribution de fourrages.

Rive droite de la Seine : le Capitaine-Adjudant de Place............... CARON.
Rive gauche : le Capitaine-Adjudant de Place........................ VILLERS.

Du 16 au 17 Février.

Adjudant de Place de service à l'État-major........................ SANSON.
Adjudant de Place de ronde de nuit............................. VILLERS.

Visite aux Casernes, Prisons, Hôpital, et distribution de fourrages.

Rive droite de la Seine : le Capitaine-Adjudant de Place............... VILLERS.
Rive gauche : le Capitaine-Adjudant de Place........................ GRAILLARD.

Rien de nouveau.

L'Adjudant-commandant, Sous-chef de l'État-major du Gouvernement de Paris,

DOUCET.

GOUVERNEMENT DE PARIS.
ÉTAT-MAJOR DE LA GARNISON.

ORDRE du 16 Février 1806.

SERVICE DE L'ÉTAT-MAJOR DE LA GARNISON.

Du 16 au 17 Février.

Adjudant de Place de service à l'État-major......................... SANSON.
Adjudant de Place de ronde de nuit.............................. VILLERS.

Visite aux Casernes, Prisons, Hôpital, et distribution de fourrages.

Rive droite de la Seine : le Capitaine-Adjudant de Place............... VILLERS.
Rive gauche : le Capitaine-Adjudant de Place........................ GRAILLARD.

Du 17 au 18 Février.

Adjudant de Place de service à l'État-major......................... VIART.
Adjudant de Place de ronde de nuit.............................. GRAILLARD.

Visite aux Casernes, Prisons, Hôpital, et distribution de fourrages.

Rive droite de la Seine : le Capitaine-Adjudant de Place.............. GRAILLARD.
Rive gauche : le Lieutenant-Adjudant de Place....................... SANSON.

Rien de nouveau.

L'Adjudant-commandant, Sous-chef de l'État-major du Gouvernement de Paris,
DOUCET.

GOUVERNEMENT DE PARIS.
ÉTAT-MAJOR DE LA GARNISON.

ORDRE du 17 Février 1806.

Du 17 au 18 Février.

Adjudant de Place de service à l'État-major...................... VIART.
Adjudant de Place de ronde de nuit............................ GRAILLARD.

Visite aux Casernes, Prisons, Hôpital, et distribution de fourrages.

Rive droite de la Seine : le Capitaine-Adjudant de Place............... GRAILLARD.
Rive gauche : le Lieutenant-Adjudant de Place...................... SANSON.

Du 18 au 19 Février.

Adjudant de Place de service à l'État-major...................... COTEAU.
Adjudant de Place de ronde de nuit.............................. SANSON.

Visite aux Casernes, Prisons, Hôpital, et distribution de fourrages.

Rive droite de la Seine : le Lieutenant-Adjudant de Place............. SANSON.
Rive gauche : le Capitaine-Adjudant de Place..................... VIART.

Rien de nouveau.

L'Adjudant-commandant, Sous-chef de l'État-major du Gouvernement de Paris,

DOUCET.

GOUVERNEMENT DE PARIS.
ÉTAT-MAJOR DE LA GARNISON.

ORDRE du 18 Février 1806.

SERVICE DE L'ÉTAT-MAJOR DE LA GARNISON.

Du 18 au 19 Février.

Adjudant de Place de service à l'État-major...................... COTEAU.
Adjudant de Place de ronde de nuit............................ SANSON.

Visite aux Casernes, Prisons, Hôpital, et distribution de fourrages.

Rive droite de la Seine : le Lieutenant-Adjudant de Place.............. SANSON.
Rive gauche : le Capitaine-Adjudant de Place........................ VIART.

Du 19 au 20 Février.

Adjudant de Place de service à l'État-major........................ CORDIEZ.
Adjudant de Place de ronde de nuit............................ VIART.

Visite aux Casernes, Prisons, Hôpital, et distribution de fourrages.

Rive droite de la Seine : le Capitaine-Adjudant de Place.............. VIART.
Rive gauche : le Capitaine-Adjudant de Place........................ COTEAU.

Rien de nouveau.

L'Adjudant-commandant, Sous-chef de l'État major du Gouvernement de Paris,

DOUCET.

GOUVERNEMENT DE PARIS.
ÉTAT-MAJOR DE LA GARNISON.

ORDRE du 19 Février 1806.

SERVICE DE L'ÉTAT-MAJOR DE LA GARNISON.

Du 19 au 20 Février.

Adjudant de Place de service à l'État-major........................ CORDIEZ.
Adjudant de Place de ronde de nuit............................... VIART.

Visite aux Casernes, Prisons, Hôpital, et distribution de fourrages.

Rive droite de la Seine : le Capitaine-Adjudant de Place................ VIART.
Rive gauche : le Capitaine-Adjudant de Place..................... COTEAU.

Du 20 au 21 Février.

Adjudant de Place de service à l'État-major........................ CARON.
Adjudant de Place de ronde de nuit............................... COTEAU.

Visite aux Casernes, Prisons, Hôpital, et distribution de fourrages.

Rive droite de la Seine : le Capitaine-Adjudant de Place............. COTEAU.
Rive gauche : le Capitaine-Adjudant de Place..................... CORDIEZ.

Rien de nouveau.

L'Adjudant-commandant, Sous-chef de l'État-major du Gouvernement de Paris,
DOUCET.

GOUVERNEMENT DE PARIS.
ÉTAT-MAJOR DE LA GARNISON.

ORDRE du 20 Février 1806.

SERVICE DE L'ÉTAT-MAJOR DE LA GARNISON.

Du 20 au 21 Février.

Adjudant de Place de service à l'État-major....................... CARON.
Adjudant de Place de ronde de nuit............................... COTEAU.

Visite aux Casernes, Prisons, Hôpital, et distribution de fourrages.

Rive droite de la Seine : le Capitaine-Adjudant de Place.............. COTEAU.
Rive gauche : le Capitaine-Adjudant de Place........................ CORDIEZ.

Du 21 au 22 Février.

Adjudant de Place de service à l'État-major....................... VILLERS.
Adjudant de Place de ronde de nuit............................... CORDIEZ.

Visite aux Casernes, Prisons, Hôpital, et distribution de fourrages.

Rive droite de la Seine : le Capitaine-Adjudant de Place.............. CORDIEZ.
Rive gauche : le Capitaine-Adjudant de Place........................ CARON.

Rien de nouveau.

L'Adjudant-commandant, Sous-chef de l'État-major du Gouvernement de Paris,

DOUCET.

GOUVERNEMENT DE PARIS.

ÉTAT-MAJOR DE LA GARNISON.

ORDRE du 21 Février 1806.

SERVICE DE L'ÉTAT-MAJOR DE LA GARNISON.

Du 21 au 22 Février.

Ijudant de Place de service à l'État-major........................ VILLERS.
Ijudant de Place de ronde de nuit.............................. CORDIEZ.

Visite aux Casernes, Prisons, Hôpital, et distribution de fourrages.

ve droite de la Seine : le Capitaine-Adjudant de Place................. CORDIEZ.
ve gauche : le Capitaine-Adjudant de Place...................... CARON.

Du 22 au 23 Février.

Ijudant de Place de service à l'État-major........................ GRAILLARD.
Ijudant de Place de ronde de nuit.............................. CARON.

Visite aux Casernes, Prisons, Hôpital, et distribution de fourrages.

re droite de la Seine : le Capitaine-Adjudant de Place.............. CARON.
re gauche : le Capitaine-Adjudant de Place...................... VILLERS.

Rien de nouveau.

L'Adjudant-commandant, Sous-chef de l'État-major général du Gouvernement de Paris,

DOUCET.

GOUVERNEMENT DE PARIS.
ÉTAT-MAJOR DE LA GARNISON.

ORDRE du 22 Février 1806.

Du 22 au 23 Février.

Adjudant de Place de service à l'État-major........................ GRAILLARD.
Adjudant de Place de ronde de nuit.............................. CARON.

Visite aux Casernes, Prisons, Hôpital, et distribution de fourrages.

Rive droite de la Seine : le Capitaine-Adjudant de Place.............. CARON.
Rive gauche : le Capitaine-Adjudant de Place........................ VILLERS.

Du 23 au 24 Février.

Adjudant de Place de service à l'État-major........................ VIART.
Adjudant de Place de ronde de nuit.............................. VILLERS.

Visite aux Casernes, Prisons, Hôpital, et distribution de fourrages.

Rive droite de la Seine : le Capitaine-Adjudant de Place.............. VILLERS.
Rive gauche : le Capitaine-Adjudant de Place........................ GRAILLARD.

Rien de nouveau.

L'Adjudant-commandant, Sous-chef de l'État-major général du Gouvernement de Paris,
DOUCET.

GOUVERNEMENT DE PARIS.
ÉTAT-MAJOR DE LA GARNISON.

ORDRE du 23 Février 1806.

SERVICE DE L'ÉTAT-MAJOR DE LA GARNISON.

Du 23 au 24 Février.

Adjudant de Place de service à l'État-major........................ VIART.
Adjudant de Place de ronde de nuit............................ VILLERS.

Visite aux Casernes, Prisons, Hôpital, et distribution de fourrages.

Rive droite de la Seine : le Capitaine-Adjudant de Place............... VILLERS.
Rive gauche : le Capitaine-Adjudant de Place........................ GRAILLARD.

Du 24 au 25 Février.

Adjudant de Place de service à l'État-major........................ COTEAU.
Adjudant de Place de ronde de nuit............................ GRAILLARD.

Visite aux Casernes, Prisons, Hôpital, et distribution de fourrages.

Rive droite de la Seine : le Capitaine-Adjudant de Place............... GRAILLARD.
Rive gauche : le Capitaine-Adjudant de Place........................ VIART.

Rien de nouveau.

L'Adjudant-commandant, Sous-chef de l'État-major général du Gouvernement de Paris,

DOUCET.

GOUVERNEMENT DE PARIS.
ÉTAT-MAJOR DE LA GARNISON.

ORDRE du 24 Février 1806.

SERVICE DE L'ÉTAT-MAJOR DE LA GARNISON.

Du 24 au 25 Février.

Adjudant de Place de service à l'État-major......................... COTEAU.
Adjudant de Place de ronde de nuit.............................. GRAILLARD.

Visite aux Casernes, Prisons, Hôpital, et distribution de fourrages.

Rive droite de la Seine : le Capitaine-Adjudant de Place.............. GRAILLARD.
Rive gauche : le Capitaine-Adjudant de Place........................ VIART.

Du 25 au 26 Février.

Adjudant de Place de service à l'État-major......................... CORDIEZ.
Adjudant de Place de ronde de nuit.............................. VIART.

Visite aux Casernes, Prisons, Hôpital, et distribution de fourrages.

Rive droite de la Seine : le Capitaine-Adjudant de Place.............. VIART.
Rive gauche : le Capitaine-Adjudant de Place........................ COTEAU.

Rien de nouveau.

L'Adjudant-commandant, Sous-chef de l'État-major général du Gouvernement de Paris,

DOUCET.

GOUVERNEMENT DE PARIS.
ÉTAT-MAJOR DE LA GARNISON.

ORDRE du 25 Février 1806.

SERVICE DE L'ÉTAT-MAJOR DE LA GARNISON.

Du 25 au 26 Février.

Adjudant de Place de service à l'État-major...................... CORDIEZ.
Adjudant de Place de ronde de nuit............................. VIART.

Visite aux Casernes, Prisons, Hôpital, et distribution de fourrages.

Rive droite de la Seine : le Capitaine-Adjudant de Place................ VIART.
Rive gauche : le Capitaine-Adjudant de Place........................ COTEAU.

Du 26 au 27 Février.

Adjudant de Place de service à l'État-major......................... CARON.
Adjudant de Place de ronde de nuit............................... COTEAU.

Visite aux Casernes, Prisons, Hôpital, et distribution de fourrages.

Rive droite de la Seine : le Capitaine-Adjudant de Place.............. COTEAU.
Rive gauche : le Capitaine-Adjudant de Place........................ CORDIEZ.

Rien de nouveau.

L'Adjudant-commandant, Sous-chef de l'État-major général du Gouvernement de Paris,
D O U C E T.

GOUVERNEMENT DE PARIS.

ÉTAT-MAJOR DE LA GARNISON.

ORDRE du 26 Février 1806.

SERVICE DE L'ÉTAT-MAJOR DE LA GARNISON.

Du 26 au 27 Février.

Adjudant de Place de service à l'État-major......................... CARON.
Adjudant de Place de ronde de nuit............................. COTEAU.

Visite aux Casernes, Prisons, Hôpital, et distribution de fourrages.

Rive droite de la Seine : le Capitaine-Adjudant de Place.............. COTEAU.
Rive gauche : le Capitaine-Adjudant de Place........................ CORDIEZ.

Du 27 au 28 Février.

Adjudant de Place de service à l'État-major......................... VILLERS.
Adjudant de Place de ronde de nuit............................. CORDIEZ.

Visite aux Casernes, Prisons, Hôpital, et distribution de fourrages.

Rive droite de la Seine : le Capitaine-Adjudant de Place.............. CORDIEZ.
Rive gauche : le Capitaine-Adjudant de Place........................ CARON.

ORDRE GÉNÉRAL.

L'Empereur et Roi a été satisfait de la bonne tenue des troupes qui ont assisté a la parade Dimanche dernier; mais sa Majesté a remarqué que, dans les manœuvres de l'infanterie, le pas accéléré manquait de précision, étant infiniment trop court.

Les Chefs de corps s'appliqueront de suite à corriger ce défaut, en redoublant d'activité pour faire exercer leur troupe à la marche, afin que ce pas n'ait jamais moins de deux pieds, ainsi que le prescrivent les réglemens. Sa Majesté jugera, à la prochaine parade, des soins qui auront été apportés à cette partie de l'instruction.

Tous les conscrits de chaque corps qui n'étaient pas à la dernière parade, doivent paraître à celle qui aura lieu Dimanche prochain, habillés, armés et équipés. Les Chefs de corps se conformeront, à cet égard, aux intentions de sa Majesté.

L'Empereur et Roi voulant que l'instruction des troupes soit portée avec activité à sa plus grande perfection, sa Majesté a ordonné que deux des régimens qui composent la garnison de Paris seraient alternativement exempts de tout service de la place pendant huit jours, afin que, dans cet intervalle, ils puissent, sans distraction, se livrer à leurs exercices.

Dorénavant, à la parade, les bataillons arrivant sur la place par compagnies, chaque compagnie ne doit être formée que des hommes qui la composent, quel qu'en soit le nombre.

Le Prince Grand-Amiral de l'Empire, Lieutenant de sa Majesté l'Empereur et Roi, Gouverneur de Paris, recommande aux Chefs de corps la stricte exécution de toutes les dispositions du présent Ordre.

Signé MURAT.

Pour copie conforme :

L'Adjudant-commandant, Sous-chef de l'État-major général du Gouvernement de Paris,

DOUCET.

GOUVERNEMENT DE PARIS.
ÉTAT-MAJOR DE LA GARNISON.

SERVICE DE L'ÉTAT-MAJOR DE LA GARNISON.

Du 27 au 28 Février.

Adjudant de Place de service à l'État - major......................... VILLERS.
Adjudant de Place de ronde de nuit............................. CORDIEZ.

Visite aux Casernes, Prisons, Hôpital, et distribution de fourrages.

Rive droite de la Seine : le Capitaine-Adjudant de Place................ CORDIEZ.
Rive gauche : le Capitaine-Adjudant de Place........................ CARON.

Du 28 Février au 1.ᵉʳ Mars.

Adjudant de Place de service à l'État - major......................... GRAILLARD.
Adjudant de Place de ronde de nuit............................. CARON.

Visite aux Casernes, Prisons, Hôpital, et distribution de fourrages.

Rive droite de la Seine : le Capitaine-Adjudant de Place............... CARON.
Rive gauche : le Capitaine-Adjudant de Place........................ VILLERS.

Rien de nouveau.

L'Adjudant-commandant, Sous-chef de l'État-major général du Gouvernement de Paris,

DOUCET.

GOUVERNEMENT DE PARIS.
ÉTAT-MAJOR DE LA GARNISON.

ORDRE du 28 Février 1806.

SERVICE DE L'ÉTAT-MAJOR DE LA GARNISON.

Du 28 Février au 1.er Mars.

Adjudant de Place de service à l'État-major.......................... GRAILLARD.
Adjudant de Place de ronde de nuit.............................. CARON.

Visite aux Casernes, Prisons, Hôpital, et distribution de fourrages.

Rive droite de la Seine : le Capitaine-Adjudant de Place.............. CARON.
Rive gauche : le Capitaine-Adjudant de Place........................ VILLERS.

Du 1.er au 2 Mars.

Adjudant de Place de service à l'État-major......................... SANSON.
Adjudant de Place de ronde de nuit............................... VILLERS.

Visite aux Casernes, Prisons, Hôpital, et distribution de fourrages.

Rive droite de la Seine : le Capitaine-Adjudant de Place.............. VILLERS.
Rive gauche : le Capitaine-Adjudant de Place........................ GRAILLARD.

ORDRE GÉNÉRAL.

IL résulte du mouvement de l'hôpital du Val-de-Grace, qu'un assez grand nombre de militaires y sont morts pendant le mois de février courant.

Les Administrateurs de cet établissement, ainsi que les Officiers de santé, attribuent la cause de cette mortalité au retard apporté par les corps à l'envoi de leurs malades à l'hôpital, où ils n'arrivent que mourans ou morts.

Il est pénible d'avoir à reprocher aux Chefs des corps de la garnison de Paris, la tolérance d'un abus aussi fatal à l'humanité, et qui d'ailleurs est contraire aux réglemens, qui disent : « *Un soldat atteint de* » *maladie grave ne peut être traité à la caserne, et les Chirurgiens-majors ne doivent point attendre qu'elle ait* » *pris un caractère fâcheux pour diriger le malade sur les hôpitaux.* »

En remettant sous les yeux des Chefs de corps cette disposition, qui a déjà été mise à l'Ordre de la Division, S. A. S. Monseigneur le Prince MURAT leur prescrit de tenir rigoureusement la main à son exécution, et les rend responsables de toute infraction ultérieure à cette même disposition dans leurs corps respectifs.

L'Adjudant-commandant, Sous-chef de l'État-major général du Gouvernement de Paris,

DOUCET.

GOUVERNEMENT DE PARIS.
ÉTAT-MAJOR DE LA GARNISON.

ORDRE du 1.er Mars 1806.

SERVICE DE L'ÉTAT-MAJOR DE LA GARNISON.

Du 1.er au 2 Mars.

Adjudant de Place de service à l'État-major....................... Sanson.
Adjudant de Place de ronde de nuit............................. Villers.

Visite aux Casernes, Prisons, Hôpital, et distribution de fourrages.

Rive droite de la Seine : le Capitaine-Adjudant de Place............... Villers.
Rive gauche : le Capitaine-Adjudant de Place...................... Graillard.

Du 2 au 3 Mars.

Adjudant de Place de service à l'État-major....................... Coteau.
Adjudant de Place de ronde de nuit............................. Graillard.

Visite aux Casernes, Prisons, Hôpital, et distribution de fourrages.

Rive droite de la Seine : le Capitaine-Adjudant de Place.............. Graillard.
Rive gauche : le Lieutenant-Adjudant de Place...................... Sanson.

ORDRE GÉNÉRAL.

L'hôpital militaire du Val-de-Grace, destiné à recevoir les fiévreux et les blessés, ne pouvant plus contenir que ces derniers, plusieurs fiévreux ont déjà été évacués sur l'hôpital militaire de Saint-Denis.

En conséquence, et d'après l'ordre de S. A. S. Monseigneur le Prince Murat, Gouverneur de Paris, les blessés de tous les corps de la garnison de cette place et des environs, continueront à être envoyés au Val-de-Grace; mais, à compter de ce jour, les fiévreux seront dirigés sur l'hôpital de Saint-Denis, jusqu'à ce qu'il en soit autrement ordonné.

Les Chefs de corps prendront les mesures nécessaires pour que la translation de leurs malades à Saint-Denis se fasse le plus commodément possible.

L'Adjudant-commandant, Sous-chef de l'État-major général du Gouvernement de Paris,

DOUCET.

GOUVERNEMENT DE PARIS.
ÉTAT-MAJOR DE LA GARNISON.

ORDRE du 2 Mars 1806.

SERVICE DE L'ÉTAT-MAJOR DE LA GARNISON.

Du 2 au 3 Mars.

Adjudant de Place de service à l'État-major........................... COTEAU.
Adjudant de Place de ronde de nuit............................... GRAILLARD.

Visite aux Casernes, Prisons, Hôpital, et distribution de fourrages.

Rive droite de la Seine : le Capitaine-Adjudant de Place............... GRAILLARD.
Rive gauche : le Lieutenant-Adjudant de Place........................ SANSON.

Du 3 au 4 Mars.

Adjudant de Place de service à l'État-major.......................... CORDIEZ.
Adjudant de Place de ronde de nuit............................... SANSON.

Visite aux Casernes, Prisons, Hôpital, et distribution de fourrages.

Rive droite de la Seine : le Lieutenant-Adjudant de Place............... SANSON.
Rive gauche : le Capitaine-Adjudant de Place........................ COTEAU.

ORDRE GÉNÉRAL.

Les troupes de la garnison de Paris sont prévenues que M. le Commissaire ordonnateur *Dubreton* étant rentré de l'armée du Nord, a repris, depuis hier 1.er mars, ses fonctions d'Ordonnateur de la 1.re Division militaire, que remplissait, pendant son absence, M. le Commissaire ordonnateur *Sartelon*.

L'Adjudant-commandant, Sous-chef de l'État-major général du Gouvernement de Paris,
DOUCET.

GOUVERNEMENT DE PARIS.
ÉTAT-MAJOR DE LA GARNISON.

ORDRE du 3 Mars 1806.

Du 3 au 4 Mars.

Adjudant de Place de service à l'État-major...................... CORDIEZ.
Adjudant de Place de ronde de nuit............................ SANSON.

Visite aux Casernes, Prisons, Hôpital, et distribution de fourrages.

Rive droite de la Seine : le Lieutenant-Adjudant de Place.............. SANSON.
Rive gauche : le Capitaine-Adjudant de Place........................ COTEAU.

Du 4 au 5 Mars.

Adjudant de Place de service à l'État-major...................... CARON.
Adjudant de Place de ronde de nuit............................ COTEAU.

Visite aux Casernes, Prisons, Hôpital, et distribution de fourrages.

Rive droite de la Seine : le Capitaine-Adjudant de Place.............. COTEAU.
Rive gauche : le Capitaine-Adjudant de Place........................ CORDIEZ.

Rien de nouveau.

L'Adjudant-commandant, Sous-chef de l'État-major général du Gouvernement de Paris,

DOUCET.

GOUVERNEMENT DE PARIS.
ÉTAT-MAJOR DE LA GARNISON.

ORDRE du 4 Mars 1806.

SERVICE DE L'ÉTAT-MAJOR DE LA GARNISON DE PARIS.

Du 4 au 5 Mars.

Adjudant de Place de service à l'État-major...................... CARON.
Adjudant de Place de ronde de nuit............................. COTEAU.

Visite aux Casernes, Prisons, Hôpital, et distribution de fourrages.

Rive droite de la Seine : le Capitaine-Adjudant de Place............... COTEAU.
Rive gauche : le Capitaine-Adjudant de Place........................ CORDIEZ.

Du 5 au 6 Mars.

Adjudant de Place de service à l'État-major...................... VILLERS.
Adjudant de Place de ronde de nuit............................. CORDIEZ.

Visite aux Casernes, Prisons, Hôpital, et distribution de fourrages.

Rive droite de la Seine : le Capitaine-Adjudant de Place............... CORDIEZ.
Rive gauche : le Capitaine-Adjudant de Place........................ CARON.

ORDRE.

Le Prince Grand Amiral de l'Empire, Lieutenant de Sa Majesté l'Empereur et Roi, Gouverneur de Paris, désirant connaître les différens besoins des corps de la garnison, et leur transmettre plus promptement ses ordres, ordonne, qu'à dater de demain, 5 Mars 1806, MM. les Colonels ou Majors de chaque Régiment se rendront près de lui tous les jours à huit heures du matin.

L'Adjudant-commandant, Sous-chef de l'État-major général du Gouvernement de Paris,

DOUCET.

GOUVERNEMENT DE PARIS.
ÉTAT-MAJOR DE LA GARNISON.

ORDRE du 5 Mars 1806.

Du 5 au 6 Mars.

Adjudant de Place de service à l'État-major.......................... VILLERS.
Adjudant de Place de ronde de nuit.............................. CORDIEZ.

Visite aux Casernes, Prisons, Hôpital, et distribution de fourrages.

Rive droite de la Seine : le Capitaine-Adjudant de Place................ CORDIEZ.
Rive gauche : le Capitaine-Adjudant de Place........................ CARON.

Du 6 au 7 Mars.

Adjudant de Place de service à l'État-major.......................... GRAILLARD.
Adjudant de Place de ronde de nuit.............................. CARON.

Visite aux Casernes, Prisons, Hôpital, et distribution de fourrages.

Rive droite de la Seine : le Capitaine-Adjudant de Place................ CARON.
Rive gauche : le Capitaine-Adjudant de Place........................ VILLERS.

Rien de nouveau.

L'Adjudant-commandant, Sous-chef de l'État-major général du Gouvernement de Paris,

DOUCET.

GOUVERNEMENT DE PARIS.

ÉTAT-MAJOR DE LA GARNISON.

ORDRE du 6 Mars 1806.

SERVICE DE L'ÉTAT-MAJOR DE LA GARNISON DE PARIS.

Du 6 au 7 Mars.

Adjudant de Place de service à l'État-major......................... GRAILLARD.
Adjudant de Place de ronde de nuit.............................. CARON.

Visite aux Casernes, Prisons, Hôpital, et distribution de fourrages.

Rive droite de la Seine : le Capitaine-Adjudant de Place.............. CARON.
Rive gauche : le Capitaine-Adjudant de Place....................... VILLERS.

Du 7 au 8 Mars.

Adjudant de Place de service à l'État-major......................... SANSON.
Adjudant de Place de ronde de nuit.............................. VILLERS.

Visite aux Casernes, Prisons, Hôpital, et distribution de fourrages.

Rive droite de la Seine : le Capitaine-Adjudant de Place.............. VILLERS.
Rive gauche : le Capitaine-Adjudant de Place....................... GRAILLARD.

Rien de nouveau.

L'Adjudant-commandant, Sous-chef de l'État-major général du Gouvernement de Paris,

DOUCET.

GOUVERNEMENT DE PARIS.
ÉTAT-MAJOR DE LA GARNISON.

ORDRE du 7 Mars 1806.

SERVICE DE L'ÉTAT-MAJOR DE LA GARNISON DE PARIS.

Du 7 au 8 Mars.

Adjudant de Place de service à l'État-major......................... SANSON.
Adjudant de Place de ronde de nuit............................. VILLERS.

Visite aux Casernes, Prisons, Hôpital, et distribution de fourrages.

Rive droite de la Seine : le Capitaine-Adjudant de Place................ VILLERS.
Rive gauche : le Capitaine-Adjudant de Place........................ GRAILLARD.

Du 8 au 9 Mars.

Adjudant de Place de service à l'État-major......................... VIART.
Adjudant de Place de ronde de nuit............................. GRAILLARD.

Visite aux Casernes, Prisons, Hôpital, et distribution de fourrages.

Rive droite de la Seine : le Capitaine-Adjudant de Place.............. GRAILLARD.
Rivè gauche : le Lieutenant-Adjudant de Place........................ SANSON.

Rien de nouveau.

L'Adjudant-commandant, Sous-chef de l'État-major général du Gouvernement de Paris,
DOUCET.

GOUVERNEMENT DE PARIS.
ÉTAT-MAJOR DE LA GARNISON.

ORDRE du 8 Mars 1806.

SERVICE DE L'ÉTAT-MAJOR DE LA GARNISON DE PARIS.

Du 8 au 9 Mars.

Adjudant de Place de service à l'État-major........................ VIART.
Adjudant de Place de ronde de nuit............................... GRAILLARD.

Visite aux Casernes, Prisons, Hôpital, et distribution de fourrages.

Rive droite de la Seine : le Capitaine-Adjudant de Place.............. GRAILLARD.
Rive gauche : le Lieutenant-Adjudant de Place...................... SANSON.

Du 9 au 10 Mars.

Adjudant de Place de service à l'État-major........................ CORDIEZ.
Adjudant de Place de ronde de nuit............................... SANSON.

Visite aux Casernes, Prisons, Hôpital, et distribution de fourrages.

Rive droite de la Seine : le Lieutenant-Adjudant de Place.............. SANSON.
Rive gauche : le Capitaine-Adjudant de Place...................... VIART.

Revue.

Le Prince Grand Amiral de l'Empire , Lieutenant de Sa Majesté l'Empereur et Roi, Gouverneur de Paris, passera en revue, le 10 du courant à 11 heures du matin, le 1.er Régiment de la garde de cette ville , sur le grand carré du jeu de Paume , aux Champs-Élysées.

L'Adjudant-commandant , Sous-chef de l'État-major général du Gouvernement de Paris ,
DOUCET.

GOUVERNEMENT DE PARIS.
ÉTAT-MAJOR DE LA GARNISON.

ORDRE du 9 Mars 1806.

SERVICE DE L'ÉTAT-MAJOR DE LA GARNISON DE PARIS.

Du 9 au 10 Mars.

Adjudant de Place de service à l'État-major......................... CORDIEZ.
Adjudant de Place de ronde de nuit.............................. SANSON.

Visite aux Casernes, Prisons, Hôpital, et distribution de fourrages.

Rive droite de la Seine : le Capitaine-Adjudant de Place.............. SANSON.
Rive gauche : le Capitaine-Adjudant de Place........................ VIART.

Du 10 au 11 Mars.

Adjudant de Place de service à l'État-major......................... CARON.
Adjudant de Place de ronde de nuit.............................. VIART.

Visite aux Casernes, Prisons, Hôpital, et distribution de fourrages.

Rive droite de la Seine : le Capitaine-Adjudant de Place.............. VIART.
Rive gauche : le Capitaine-Adjudant de Place........................ CORDIEZ.

Rien de nouveau.

L'Adjudant-commandant, Sous-chef de l'État-major général du Gouvernement de Paris,

DOUCET.

GOUVERNEMENT DE PARIS.
ÉTAT-MAJOR DE LA GARNISON.

ORDRE du 10 Mars 1806.

SERVICE DE L'ÉTAT-MAJOR DE LA GARNISON DE PARIS.

Du 10 au 11 Mars.

Adjudant de Place de service à l'État-major......................... CARON.
Adjudant de Place de ronde de nuit................................ VIART.

Visite aux Casernes, Prisons, Hôpital, et distribution de fourrages.

Rive droite de la Seine : le Capitaine-Adjudant de Place.............. VIART.
Rive gauche : le Capitaine-Adjudant de Place........................ CORDIEZ.

Du 11 au 12 Mars.

Adjudant de Place de service à l'État-major......................... VILLERS.
Adjudant de Place de ronde de nuit................................ CORDIEZ.

Visite aux Casernes, Prisons, Hôpital, et distribution de fourrages.

Rive droite de la Seine : le Capitaine-Adjudant de Place.............. CORDIEZ.
Rive gauche : le Capitaine-Adjudant de Place........................ CARON.

Rien de nouveau.

L'Adjudant-commandant, Sous-chef de l'État-major général du Gouvernement de Paris,

DOUCET.

GOUVERNEMENT DE PARIS.

ÉTAT-MAJOR DE LA GARNISON.

ORDRE du 11 Mars 1806.

SERVICE DE L'ÉTAT-MAJOR DE LA GARNISON DE PARIS.

Du 11 au 12 Mars.

ndant de Place de service à l'État-major...................... VILLERS.
ndant de Place de ronde de nuit............................ CORDIEZ.

Visite aux Casernes, Prisons, Hôpital, et distribution de fourrages.

e droite de la Seine : le Capitaine-Adjudant de Place............... CORDIEZ.
e gauche : le Capitaine-Adjudant de Place...................... CARON.

Du 12 au 13 Mars.

ndant de Place de service à l'État-major...................... GRAILLARD.
ndant de Place de ronde de nuit............................ CARON.

Visite aux Casernes, Prisons, Hôpital, et distribution de fourrages.

e droite de la Seine : le Capitaine-Adjudant de Place.............. CARON.
e gauche : le Capitaine-Adjudant de Place...................... VILLERS.

Rien de nouveau.

L'Adjudant-commandant, Sous-chef de l'État-major général du Gouvernement de Paris,

DOUCET.

GOUVERNEMENT DE PARIS.
ÉTAT-MAJOR DE LA GARNISON.

ORDRE du 12 Mars 1806.

SERVICE DE L'ÉTAT-MAJOR DE LA GARNISON DE PARIS.

Du 12 au 13 Mars.

Adjudant de Place de service à l'État-major......................... GRAILLARD.\
Adjudant de Place de ronde de nuit.............................. CARON.

Visite aux Casernes, Prisons, Hôpital, et distribution de fourrages.

Rive droite de la Seine : le Capitaine-Adjudant de Place.............. CARON.\
Rive gauche : le Capitaine-Adjudant de Place........................ VILLERS.

Du 13 au 14 Mars.

Adjudant de Place de service à l'État-major......................... SANSON.\
Adjudant de Place de ronde de nuit.............................. VILLERS.

Visite aux Casernes, Prisons, Hôpital, et distribution de fourrages.

Rive droite de la Seine : le Capitaine-Adjudant de Place.............. VILLERS.\
Rive gauche : le Capitaine-Adjudant de Place........................ GRAILLARD.

Rien de nouveau.

L'Adjudant-commandant, Sous-chef de l'État-major général du Gouvernement de Paris,

DOUCET.

GOUVERNEMENT DE PARIS.
ÉTAT-MAJOR DE LA GARNISON.

ORDRE du 13 Mars 1806.

Du 13 au 14 Mars.

Adjudant de Place de service à l'État-major...................... SANSON.
Adjudant de Place de ronde de nuit............................. VILLERS.

Visite aux Casernes, Prisons, Hôpital, et distribution de fourrages.

Rive droite de la Seine : le Capitaine-Adjudant de Place.............. VILLERS.
Rive gauche : le Capitaine-Adjudant de Place........................ GRAILLARD.

Du 14 au 15 Mars.

Adjudant de Place de service à l'État-major........................ VIART.
Adjudant de Place de ronde de nuit............................. GRAILLARD.

Visite aux Casernes, Prisons, Hôpital, et distribution de fourrages.

Rive droite de la Seine : le Capitaine-Adjudant de Place.............. GRAILLARD.
Rive gauche : le Lieutenant-Adjudant de Place....................... SANSON.

Rien de nouveau.

L'Adjudant-commandant, Sous-chef de l'État-major général du Gouvernement de Paris,

DOUCET.

GOUVERNEMENT DE PARIS.
ÉTAT-MAJOR DE LA GARNISON.

ORDRE du 14 Mars 1806.

SERVICE DE L'ÉTAT-MAJOR DE LA GARNISON DE PARIS.

Du 14 au 15 Mars.

Adjudant de Place de service à l'État-major......................... VIART.
Adjudant de Place de ronde de nuit............................... GRAILLARD.

Visite aux Casernes, Prisons, Hôpital, et distribution de fourrages.

Rive droite de la Seine : le Capitaine-Adjudant de Place............... GRAILLARD.
Rive gauche : le Lieutenant-Adjudant de Place....................... SANSON.

Du 15 au 16 Mars.

Adjudant de Place de service à l'État-major......................... COTEAU.
Adjudant de Place de ronde de nuit............................... SANSON.

Visite aux Casernes, Prisons, Hôpital, et distribution de fourrages.

Rive droite de la Seine : le Lieutenant-Adjudant de Place.............. SANSON.
Rive gauche : le Capitaine-Adjudant de Place....................... VIART.

ORDRE GÉNÉRAL du 13 Mars.

Les troupes de la garnison de Paris et celles de la première Division militaire, sont prévenues que, dès aujourd'hui, le Prince LOUIS-NAPOLÉON, Connétable, a momentanément le commandement du Gouvernement de Paris et de la Division.

Le Général de division *Noguès* remplira provisoirement les fonctions de Chef de l'État-major général du Gouvernement de Paris et de la première Division militaire.

L'Adjudant-Commandant, Sous-chef de l'État-major général du Gouvernement de Paris,
DOUCET.

GOUVERNEMENT DE PARIS.
ÉTAT-MAJOR DE LA GARNISON.

ORDRE du 15 Mars 1806.

SERVICE DE L'ÉTAT-MAJOR DE LA GARNISON DE PARIS.

Du 15 au 16 Mars.

Adjudant de Place de service à l'État-major......................... COTEAU.
Adjudant de Place de ronde de nuit................................. SANSON.

Visite aux Casernes, Prisons, Hôpital, et distribution de fourrages.

Rive droite de la Seine : le Lieutenant-Adjudant de Place.............. SANSON.
Rive gauche : le Capitaine-Adjudant de Place........................ VIART.

Du 16 au 17 Mars.

Adjudant de Place de service à l'État-major......................... CARON.
Adjudant de Place de ronde de nuit................................. VIART.

Visite aux Casernes, Prisons, Hôpital, et distribution de fourrages.

Rive droite de la Seine : le Capitaine-Adjudant de Place.............. VIART.
Rive gauche : le Capitaine-Adjudant de Place........................ COTEAU.

ORDRE DU JOUR du 14 Mars.

Il y aura parade aux Tuileries après demain, dimanche.

Chaque régiment formera trois bataillons.

Les vétérans, et le régiment de la garde de Paris qui n'a pas paru à la dernière parade, feront le service de la Place ;

L'autre aura ses deux bataillons à la parade.

Les Capitaines de tous ces corps auront le contrôle de leur compagnie, et se prépareront à répondre à toutes les questions que l'Empereur leur fera : ils se rappelleront que sa Majesté entre dans les plus grands détails.

Les Colonels, pour leur régiment, et les Capitaines, pour leur compagnie, doivent savoir, à un homme près et sans se tromper, leur effectif, les absens, les présens sous les armes, les malades aux hôpitaux, à la chambre : ils doivent de même répondre à toutes les questions relatives à l'habillement, à l'instruction et au service ; c'est le seul moyen de prouver qu'ils s'occupent de leur métier et le remplissent avec zèle. Tous les hommes, sans exception, devront se rendre à la parade.

Les troupes devant être à midi aux Tuileries, seront réunies sur la place de la Concorde à onze heures, d'où elles partiront réunies, après avoir passé l'inspection.

Signé LOUIS NAPOLÉON, *Connétable, commandant provisoirement le Gouvernement de Paris et la première Division militaire.*

Pour copie conforme :

Le Général de Division faisant provisoirement les fonctions de Chef de l'État-major général du Gouvernement de Paris et de la première Division militaire.

NOGUÈS.

GOUVERNEMENT DE PARIS.
ÉTAT-MAJOR DE LA GARNISON.

ORDRE du 16 Mars 1806.

SERVICE DE L'ÉTAT-MAJOR DE LA GARNISON DE PARIS.

Du 16 au 17 Mars.

Adjudant de Place de service à l'État-major......................... CARON.
Adjudant de Place de ronde de nuit................................. VIART.

Visite aux Casernes, Prisons, Hôpital, et distribution de fourrages.

Rive droite de la Seine : le Capitaine-Adjudant de Place.............. VIART.
Rive gauche : le Capitaine-Adjudant de Place........................ COTEAU.

Du 17 au 18 Mars.

Adjudant de Place de service à l'État-major......................... VILLERS.
Adjudant de Place de ronde de nuit................................. COTEAU.

Visite aux Casernes, Prisons, Hôpital, et distribution de fourrages.

Rive droite de la Seine : le Capitaine-Adjudant de Place.............. COTEAU.
Rive gauche : le Capitaine-Adjudant de Place........................ CARON.

Rien de nouveau.

Le Général de Division faisant provisoirement les fonctions de Chef de l'État-major général du Gouvernement de Paris et de la première Division militaire.

NOGUES.

Pour copie conforme :

L'Adjudant-Commandant, Sous-chef de l'État-major général du Gouvernement de Paris,
DOUCET.

GOUVERNEMENT DE PARIS.
ÉTAT-MAJOR DE LA GARNISON.

ORDRE du 17 Mars 1806.

SERVICE DE L'ÉTAT-MAJOR DE LA GARNISON DE PARIS.

Du 17 au 18 Mars.

Adjudant de Place de service à l'État-major........................ VILLERS.
Adjudant de Place de ronde de nuit............................. COTEAU.

Visite aux Casernes, Prisons, Hôpital, et distribution de fourrages.

Rive droite de la Seine : le Capitaine-Adjudant de Place............... COTEAU.
Rive gauche : le Capitaine-Adjudant de Place......................... CARON.

Du 18 au 19 Mars.

Adjudant de Place de service à l'État-major........................ GRAILLARD.
Adjudant de Place de ronde de nuit............................. CARON.

Visite aux Casernes, Prisons, Hôpital, et distribution de fourrages.

Rive droite de la Seine : le Capitaine-Adjudant de Place............... CARON.
Rive gauche : le Capitaine-Adjudant de Place......................... VILLERS.

Rien de nouveau.

Le général de Division,
NOGUÈS.

Pour copie conforme :

L'Adjudant-Commandant, Sous-chef de l'État-major général du Gouvernement de Paris,
DOUCET.

GOUVERNEMENT DE PARIS.
ÉTAT-MAJOR DE LA GARNISON.

ORDRE du 18 Mars 1806.

SERVICE DE L'ÉTAT-MAJOR DE LA GARNISON DE PARIS.

Du 18 au 19 Mars.

Adjudant de Place de service à l'État-major........................ GRAILLARD.
Adjudant de Place de ronde de nuit............................. CARON.

Visite aux Casernes, Prisons, Hôpital, et distribution de fourrages.

Rive droite de la Seine : le Capitaine-Adjudant de Place............... CARON.
Rive gauche : le Capitaine-Adjudant de Place........................ VILLERS.

Du 19 au 20 Mars.

Adjudant de Place de service à l'État-major........................ SANSON.
Adjudant de Place de ronde de nuit............................. VILLERS.

Visite aux Casernes, Prisons, Hôpital, et distribution de fourrages.

Rive droite de la Seine : le Capitaine-Adjudant de Place............... VILLERS.
Rive gauche : le Capitaine-Adjudant de Place........................ GRAILLARD.

Rien de nouveau.

Le général de Division,

NOGUÈS.

Pour copie conforme :

L'Adjudant-Commandant, Sous-chef de l'État-major général du Gouvernement de Paris,
DOUCET.

GOUVERNEMENT DE PARIS.
ÉTAT-MAJOR DE LA GARNISON.

ORDRE du 19 Mars 1806.

SERVICE DE L'ÉTAT-MAJOR DE LA GARNISON DE PARIS.

Du 19 au 20 Mars.

Adjudant de Place de service à l'État-major......................... SANSON.
Adjudant de Place de ronde de nuit............................... VILLERS.

Visite aux Casernes, Prisons, Hôpital, et distribution de fourrages.

Rive droite de la Seine : le Capitaine-Adjudant de Place............... VILLERS.
Rive gauche : le Capitaine-Adjudant de Place......................... GRAILLARD.

Du 20 au 21 Mars.

Adjudant de Place de service à l'État-major......................... VIART.
Adjudant de Place de ronde de nuit............................... GRAILLARD.

Visite aux Casernes, Prisons, Hôpital, et distribution de fourrages:

Rive droite de la Seine : le Capitaine-Adjudant de Place.............. GRAILLARD.
Rive gauche : le Lieutenant-Adjudant de Place........................ SANSON.

Rien de nouveau.

Le général de Division,

NOGUÈS.

Pour copie conforme :

L'Adjudant-Commandant, Sous-chef de l'État-major général du Gouvernement de Paris ;

DOUCET.

[illegible]

[illegible]

[illegible]

[illegible]

[illegible]

[illegible]

[illegible]

[illegible]

[illegible]

[illegible]

[illegible]

[illegible]

GOUVERNEMENT DE PARIS.

ÉTAT-MAJOR DE LA GARNISON.

ORDRE du 20 Mars 1806.

SERVICE DE L'ÉTAT-MAJOR DE LA GARNISON DE PARIS.

Du 20 au 21 Mars.

Adjudant de Place de service à l'État-major......................... VIART.
Adjudant de Place de ronde de nuit.............................. GRAILLARD.

Visite aux Casernes, Prisons, Hôpital, et distribution de fourrages.

Rive droite de la Seine : le Capitaine-Adjudant de Place.............. GRAILLARD.
Rive gauche : le Lieutenant-Adjudant de Place...................... SANSON.

Du 21 au 22 Mars.

Adjudant de Place de service à l'État-major......................... COTEAU.
Adjudant de Place de ronde de nuit.............................. SANSON.

Visite aux Casernes, Prisons, Hôpital, et distribution de fourrages.

Rive droite de la Seine : le Lieutenant-Adjudant de Place.............. SANSON.
Rive gauche : le Capitaine-Adjudant de Place...................... VIART.

Rien de nouveau.

Le général de Division,
NOGUÈS.

Pour copie conforme :
L'Adjudant-Commandant, Sous-chef de l'État-major général du Gouvernement de Paris,
DOUCET.

GOUVERNEMENT DE PARIS.

ÉTAT-MAJOR DE LA GARNISON.

ORDRE du 21 Mars 1806.

SERVICE DE L'ÉTAT-MAJOR DE LA GARNISON DE PARIS.

Du 21 au 22 Mars.

Adjudant de Place de service à l'État - major........................ COTEAU.
Adjudant de Place de ronde de nuit.............................. SANSON.

Visite aux Casernes, Prisons, Hôpital, et distribution de fourrages.

Rive droite de la Seine : le Lieutenant-Adjudant de Place.............. SANSON.
Rive gauche : le Capitaine-Adjudant de Place........................ VIART.

Du 22 au 23 Mars.

Adjudant de Place de service à l'État - major........................ CORDIEZ.
Adjudant de Place de ronde de nuit.............................. VIART.

Visite aux Casernes, Prisons, Hôpital, et distribution de fourrages.

Rive droite de la Seine : le Capitaine-Adjudant de Place.............. VIART.
Rive gauche : le Capitaine-Adjudant de Place........................ COTEAU.

Corvées.

Le 86.ᵉ Régiment d'infanterie de ligne fournira, à dater de demain, sur la réquisition particulière de M. le Directeur du dépôt central de l'Artillerie, tous les hommes de corvée nécessaires aux travaux dudit dépôt.

Le général de Division,

NOGUÈS.

Pour copie conforme :

L'Adjudant-Commandant, Sous-chef de l'État-major général du Gouvernement de Paris,

DOUCET.

GOUVERNEMENT DE PARIS.

ÉTAT-MAJOR DE LA GARNISON.

ORDRE du 22 Mars 1806.

SERVICE DE L'ÉTAT-MAJOR DE LA GARNISON DE PARIS.

Du 22 au 23 Mars.

Adjudant de Place de service à l'État-major...................... CORDIEZ.
Adjudant de Place de ronde de nuit............................. VIART.

*Visite aux Casernes, Prisons, Hôpital, **et** distribution de fourrages.*

Rive droite de la Seine : le Capitaine-Adjudant de Place............... VIART.
Rive gauche : le Capitaine-Adjudant de Place........................ COTEAU.

Du 23 au 24 Mars.

Adjudant de Place de service à l'État-major........................ CARON.
Adjudant de Place de ronde de nuit............................... COTEAU.

*Visite aux Casernes, Prisons, Hôpital, **et** distribution de fourrages.*

Rive droite de la Seine : le Capitaine-Adjudant de Place............... COTEAU.
Rive gauche : le Capitaine-Adjudant de Place........................ CORDIEZ.

Rien de nouveau.

Le général de Division,

NOGUÈS.

Pour copie conforme :

L'Adjudant-Commandant, Sous-chef de l'État-major général du Gouvernement de Paris,

DOUCET.

GOUVERNEMENT DE PARIS.

ÉTAT-MAJOR DE LA GARNISON.

ORDRE du 23 Mars 1806.

SERVICE DE L'ÉTAT-MAJOR DE LA GARNISON DE PARIS.

Du 23 au 24 Mars.

Adjudant de Place de service à l'État-major...................... CARON.
Adjudant de Place de ronde de nuit........................... COTEAU.

Visite aux Casernes, Prisons, Hôpital, et distribution de fourrages.

Rive droite de la Seine : le Capitaine-Adjudant de Place............... COTEAU.
Rive gauche : le Capitaine-Adjudant de Place....................... CORDIEZ.

Du 24 au 25 Mars.

Adjudant de Place de service à l'État-major...................... VILLERS.
Adjudant de Place de ronde de nuit............................ CORDIEZ.

Visite aux Casernes, Prisons, Hôpital, et distribution de fourrages.

Rive droite de la Seine : le Capitaine-Adjudant de Place............... CORDIEZ.
Rive gauche : le Capitaine-Adjudant de Place....................... CARON.

Rien de nouveau.

Le général de Division,

NOGUÈS.

Pour copie conforme :

L'Adjudant-Commandant, Sous-chef de l'État-major général du Gouvernement de Paris,

DOUCET.

GOUVERNEMENT DE PARIS.

ÉTAT-MAJOR DE LA GARNISON.

ORDRE du 24 Mars 1806.

Du 24 au 25 Mars.

Adjudant de Place de service à l'État-major...................... GRAILLARD.
Adjudant de Place de ronde de nuit............................... CORDIEZ.

Visite aux Casernes, Prisons, Hôpital, et distribution de fourrages.

Rive droite de la Seine : le Capitaine-Adjudant de Place.............. CORDIEZ.
Rive gauche : le Capitaine-Adjudant de Place...................... VILLERS.

Du 25 au 26 Mars.

Adjudant de Place de service à l'État-major........................ SANSON.
Adjudant de Place de ronde de nuit............................... VILLERS.

Visite aux Casernes, Prisons, Hôpital, et distribution de fourrages.

Rive droite de la Seine : le Capitaine-Adjudant de Place.............. VILLERS.
Rive gauche : le Capitaine-Adjudant de Place...................... GRAILLARD.

Rien de nouveau.

Le général de Division,

NOGUÈS.

Pour copie conforme :

L'Adjudant-Commandant, Sous-chef de l'État-major général du Gouvernement de Paris,
DOUCET.

GOUVERNEMENT DE PARIS.

ÉTAT-MAJOR DE LA GARNISON.

ORDRE du 25 Mars 1806.

SERVICE DE L'ÉTAT-MAJOR DE LA GARNISON DE PARIS.

Du 25 au 26 Mars.

Adjudant de Place de service à l'État-major....................... SANSON.
Adjudant de Place de ronde de nuit............................... VILLERS.

Visite aux Casernes, Prisons, Hôpital, et distribution de fourrages.

Droite de la Seine : le Capitaine-Adjudant de Place............... VILLERS.
Gauche : le Capitaine-Adjudant de Place......................... GRAILLARD.

Du 26 au 27 Mars.

Adjudant de Place de service à l'État-major....................... VIART.
Adjudant de Place de ronde de nuit............................... GRAILLARD.

Visite aux Casernes, Prisons, Hôpital, et distribution de fourrages.

Droite de la Seine : le Capitaine-Adjudant de Place............... GRAILLARD.
Gauche : le Lieutenant-Adjudant de Place......................... SANSON.

Rien de nouveau.

Le Général de Division,

NOGUÈS.

Pour copie conforme :

L'Adjudant-Commandant, Sous-chef de l'État-major général du Gouvernement de Paris,

DOUCET.

GOUVERNEMENT DE PARIS.
ÉTAT-MAJOR DE LA GARNISON.

ORDRE du 26 Mars 1806.

Du 26 au 27 Mars.

…udant de Place de service à l'État-major......................... VIART.
…udant de Place de ronde de nuit............................... GRAILLARD.

Visite aux Casernes, Prisons, Hôpital, et distribution de fourrages.

…e droite de la Seine : le Capitaine-Adjudant de Place.............. GRAILLARD.
…e gauche : le Lieutenant-Adjudant de Place..................... SANSON.

Du 27 au 28 Mars.

…udant de Place de service à l'État-major......................... COTEAU.
…udant de Place de ronde de nuit............................... SANSON.

Visite aux Casernes, Prisons, Hôpital, et distribution de fourrages.

…droite de la Seine : le Lieutenant-Adjudant de Place.............. SANSON.
…gauche : le Capitaine-Adjudant de Place........................ VIART.

Rien de nouveau.

Le *Général de Division,*
NOGUÈS.

Pour copie conforme :

L'Adjudant-Commandant, Sous-chef de l'État-major général du Gouvernement de Paris,
DOUCET.

GOUVERNEMENT DE PARIS.
ÉTAT-MAJOR DE LA GARNISON.

ORDRE du 27 Mars 1806.

SERVICE DE L'ÉTAT-MAJOR DE LA GARNISON DE PARIS.

Du 27 au 28 Mars.

Adjudant de Place de service à l'État-major......................... COTEAU.
Adjudant de Place de ronde de nuit............................... SANSON.

Visite aux Casernes, Prisons, Hôpital, et distribution de fourrages.

Rive droite de la Seine : le Lieutenant-Adjudant de Place............... SANSON.
Rive gauche : le Capitaine-Adjudant de Place........................ VIART.

Du 28 au 29 Mars.

Adjudant de Place de service à l'État-major......................... CORDIEZ.
Adjudant de Place de ronde de nuit............................... VIART.

Visite aux Casernes, Prisons, Hôpital, et distribution de fourrages.

Rive droite de la Seine : le Capitaine-Adjudant de Place.............. VIART.
Rive gauche : le Capitaine-Adjudant de Place........................ COTEAU.

Rien de nouveau.

Le Général de Division,
NOGUÈS.

Pour copie conforme :

L'Adjudant-Commandant, Sous-chef de l'État-major général du Gouvernement de Paris,
DOUCET.

GOUVERNEMENT DE PARIS.
ÉTAT-MAJOR DE LA GARNISON.

ORDRE du 28 Mars 1806.

SERVICE DE L'ÉTAT-MAJOR DE LA GARNISON DE PARIS.

Du 28 au 29 Mars.

Adjudant de Place de service à l'État-major.......................... CORDIEZ.
Adjudant de Place de ronde de nuit................................. VIART.

Visite aux Casernes, Prisons, Hôpital, et distribution de fourrages.

Rive droite de la Seine : le Capitaine-Adjudant de Place.............. VIART.
Rive gauche : le Capitaine-Adjudant de Place......................... COTEAU.

Du 29 au 30 Mars.

Adjudant de Place de service à l'État-major.......................... CARON.
Adjudant de Place de ronde de nuit................................. COTEAU.

Visite aux Casernes, Prisons, Hôpital, et distribution de fourrages.

Rive droite de la Seine : le Capitaine-Adjudant de Place.............. COTEAU.
Rive gauche : le Capitaine-Adjudant de Place......................... CORDIEZ.

Rien de nouveau.

Le Général de Division,

NOGUÈS.

Pour copie conforme :

L'Adjudant-Commandant, Sous-chef de l'État-major général du Gouvernement de Paris,

DOUCET.

GOUVERNEMENT DE PARIS.
ÉTAT-MAJOR DE LA GARNISON.

ORDRE du 29 Mars 1806.

SERVICE DE L'ÉTAT-MAJOR DE LA GARNISON DE PARIS.

Du 29 au 30 Mars.

Ajudant de Place de service à l'État - major........................ CARON.

Ajudant de Place de ronde de nuit............................... COTEAU.

Visite aux Casernes, Prisons, Hôpital, et distribution de fourrages.

e droite de la Seine : le Capitaine-Adjudant de Place............... COTEAU.

e gauche : le Capitaine-Adjudant de Place...................... CORDIEZ.

Du 30 au 31 Mars.

ıdant de Place de service à l'État - major....................... GRAILLARD.

ıdant de Place de ronde de nuit................................ CORDIEZ.

Visite aux Casernes, Prisons, Hôpital, et distribution de fourrages.

droite de la Seine : le Capitaine-Adjudant de Place.............. CORDIEZ.

gauche : le Capitaine-Adjudant de Place........................ CARON.

CORVÉES.

e 12.ᵉ régiment d'infanterie légère fournira, à dater de ce jour, tous les hommes de corvée néces-
aux travaux du Dépôt central de l'artillerie, sur la réquisition particulière de M. le Directeur dudit

Le Général de Division,

NOGUÈS.

Pour copie conforme :

L'Adjudant-Commandant, Sous-chef de l'État-major général du Gouvernement de Paris,

DOUCET.

GOUVERNEMENT DE PARIS.
ÉTAT-MAJOR DE LA GARNISON.

ORDRE du 30 Mars 1806.

SERVICE DE L'ÉTAT-MAJOR DE LA GARNISON DE PARIS.

Du 30 au 31 Mars.

Adjudant de Place de service à l'État-major........................ GRAILLARD.
Adjudant de Place de ronde de nuit............................... CORDIEZ.

Visite aux Casernes, Prisons, Hôpital, et distribution de fourrages.

Rive droite de la Seine : le Capitaine-Adjudant de Place.............. CORDIEZ.
Rive gauche : le Capitaine-Adjudant de Place...................... CARON.

Du 31 Mars au 1.er Avril.

Adjudant de Place de service à l'État-major........................ SANSON.
Adjudant de Place de ronde de nuit............................... CARON.

Visite aux Casernes, Prisons, Hôpital, et distribution de fourrages.

Rive droite de la Seine : le Capitaine-Adjudant de Place.............. CARON.
Rive gauche : le Capitaine-Adjudant de Place...................... GRAILLARD.

Rien de nouveau.

Le Général de Division,
NOGUÈS.

Pour copie conforme :

L'Adjudant-Commandant, Sous-chef de l'État-major général du Gouvernement de Paris ;
DOUCET.

GOUVERNEMENT DE PARIS.
ÉTAT-MAJOR DE LA GARNISON.

ORDRE du 31 Mars 1806.

SERVICE DE L'ÉTAT-MAJOR DE LA GARNISON DE PARIS.

Du 31 Mars au 1.ᵉʳ Avril.

Adjudant de Place de service à l'État-major....................... SANSON.
Adjudant de Place de ronde de nuit............................ CARON.

Visite aux Casernes, Prisons, Hôpital, et distribution de fourrages.

Rive droite de la Seine : le Capitaine-Adjudant de Place............... CARON.
Rive gauche : le Capitaine-Adjudant de Place....................... GRAILLARD.

Du 1.ᵉʳ au 2 Avril.

Adjudant de Place de service à l'État-major....................... VIART.
Adjudant de Place de ronde de nuit............................ GRAILLARD.

Visite aux Casernes, Prisons, Hôpital, et distribution de fourrages.

Rive droite de la Seine : le Capitaine-Adjudant de Place............... GRAILLARD.
Rive gauche : le Lieutenant-Adjudant de Place....................... SANSON.

Rien de nouveau.

Le Général de Division,
NOGUÈS.

Pour copie conforme :

L'Adjudant-Commandant, Sous-chef de l'État-major général du Gouvernement de Paris,
DOUCET.

GOUVERNEMENT DE PARIS.

ÉTAT-MAJOR DE LA GARNISON.

ORDRE du 1.er Avril 1806.

SERVICE DE L'ÉTAT-MAJOR DE LA GARNISON DE PARIS.

Du 1.er au 2 Avril.

Adjudant de Place de service à l'État-major......................... VIART.
Adjudant de Place de ronde de nuit.............................. GRAILLARD.

Visite aux Casernes, Prisons, Hôpital, et distribution de fourrages.

Rive droite de la Seine : le Capitaine-Adjudant de Place.............. GRAILLARD.
Rive gauche : le Lieutenaut-Adjudant de Place...................... SANSON.

Du 2 au 3 Avril.

Adjudant de Place de service à l'État-major......................... COTEAU.
Adjudant de Place de ronde de nuit.............................. SANSON.

Visite aux Casernes, Prisons, Hôpital, et distribution de fourrages.

Rive droite de la Seine : le Lieutenant-Adjudant de Place.............. SANSON.
Rive gauche : le Capitaine-Adjudant de Place...................... VIART.

Rien de nouveau.

Le Général de Division,

NOGUÈS.

Pour copie conforme :

L'Adjudant-Commandant, Sous-chef de l'État-major général du Gouvernement de Paris,
DOUCET.

GOUVERNEMENT DE PARIS.

ÉTAT-MAJOR DE LA GARNISON.

ORDRE du 2 Avril 1806.

Du 2 au 3 Avril.

Adjudant de Place de service à l'État-major......................... COTEAU.
Adjudant de Place de ronde de nuit............................... SANSON.

Visite aux Casernes, Prisons, Hôpital, et distribution de fourrages.

Rive droite de la Seine : le Lieutenant-Adjudant de Place.............. SANSON.
Rive gauche : le Capitaine-Adjudant de Place........................ VIART.

Du 3 au 4 Avril.

Adjudant de Place de service à l'État-major......................... CORDIEZ.
Adjudant de Place de ronde de nuit............................... VIART.

Visite aux Casernes, Prisons, Hôpital, et distribution de fourrages.

Rive droite de la Seine : le Capitaine-Adjudant de Place.............. VIART.
Rive gauche : le Capitaine-Adjudant de Place........................ COTEAU.

Rien de nouveau.

Le Général de Division,
NOGUÈS.

Pour copie conforme :

L'Adjudant-Commandant, Sous-chef de l'État-major général du Gouvernement de Paris;
DOUCET.

GOUVERNEMENT DE PARIS.

ÉTAT-MAJOR DE LA GARNISON.

ORDRE du 3 Avril 1806.

Du 3 au 4 Avril.

Adjudant de Place de service à l'État-major....................... CORDIEZ.

Adjudant de Place de ronde de nuit........................... VIART.

Visite aux Casernes, Prisons, Hôpital, et distribution de fourrages.

Rive droite de la Seine : le Capitaine-Adjudant de Place.............. VIART.

Rive gauche : le Capitaine-Adjudant de Place....................... COTEAU.

Du 4 au 5 Avril.

Adjudant de Place de service à l'État-major....................... CARON.

Adjudant de Place de ronde de nuit........................... COTEAU.

Visite aux Casernes, Prisons, Hôpital, et distribution de fourrages.

Rive droite de la Seine : le Capitaine-Adjudant de Place.............. COTEAU.

Rive gauche : le Capitaine-Adjudant de Place....................... CORDIEZ.

ORDRE GÉNÉRAL.

Nouvelle répartition du service entre Messieurs les Commissaires des Guerres employés à Paris.

MESSIEURS.		DOMICILES.
LEFEBVRE-MONTABON	L'État-Major................................. Les fonctions de Commissaire impérial près le Conseil de révision. L'Hôpital militaire de Saint-Denis....................... Les détails relatifs au matériel des troupes................ L'Artillerie... La Gendarmerie... Les Maisons d'arrêt militaires........................... Les Transports directs.................................... Le Casernement des Troupes........................	A l'État-major, rue Neuve des Capucines.
FRADIEL..........	Les Routes.. Les Convois militaires.................................. La Caserne *Rousselet*.................................. L'Hôpital du Val-de-Grâce............................. Le Magasin central des Hôpitaux....................... Le Dépôt central des médicamens......................	Rue S.-Dominique, maison S.-Joseph.
LE PELLETIER..........	La Solde de retraite...................................... Traitement de réforme................................... Les Subsistances militaires.............................. Le Magasin d'habillement et campement................ Les Transports de l'intérieur de la place................ Le chauffage et éclairage des corps-de-garde............	Idem.

ARRÊTÉ le présent État de Répartition, par nous Commissaire ordonnateur de la 1.re Division militaire. Paris, le 1.er Avril 1806.

Le Général de Division,

NOGUÈS.

Pour copie conforme :

L'Adjudant-Commandant, Sous-chef de l'État-major général du Gouvernement de Paris ;

DOUCET.

GOUVERNEMENT DE PARIS.
ÉTAT-MAJOR DE LA GARNISON.

ORDRE du 4 Avril 1806.

SERVICE DE L'ÉTAT-MAJOR DE LA GARNISON DE PARIS.

Du 4 au 5 Avril.

Adjudant de Place de service à l'État-major...................... VILLERS.
Adjudant de Place de ronde de nuit............................ COTEAU.

Visite aux Casernes, Prisons, Hôpital, et distribution de fourrages.

Rive droite de la Seine : le Capitaine-Adjudant de Place............... COTEAU.
Rive gauche : le Capitaine-Adjudant de Place....................... CORDIEZ.

Du 5 au 6 Avril.

Adjudant de Place de service à l'État-major...................... GRAILLARD.
Adjudant de Place de ronde de nuit............................ CORDIEZ.

Visite aux Casernes, Prisons, Hôpital, et distribution de fourrages.

Rive droite de la Seine : le Capitaine-Adjudant de Place............... CORDIEZ.
Rive gauche : le Capitaine-Adjudant de Place....................... VILLERS.

Rien de nouveau.

Le Général de Division,
NOGUÈS.

Pour copie conforme :

L'Adjudant-Commandant, Sous-chef de l'État-major général du Gouvernement de Paris,
DOUCET.

GOUVERNEMENT DE PARIS.

ÉTAT-MAJOR DE LA GARNISON.

ORDRE du 5 Avril 1806.

Du 5 au 6 Avril.

Adjudant de Place de service à l'État-major......................... GRAILLARD.
Adjudant de Place de ronde de nuit................................ CORDIEZ.

Visite aux Casernes, Prisons, Hôpital, et distribution de fourrages.

Rive droite de la Seine : le Capitaine-Adjudant de Place.............. CORDIEZ.
Rive gauche : le Capitaine-Adjudant de Place........................ VILLERS.

Du 6 au 7 Avril.

Adjudant de Place de service à l'État-major......................... SANSON.
Adjudant de Place de ronde de nuit................................ VILLERS.

Visite aux Casernes, Prisons, Hôpital, et distribution de fourrages.

Rive droite de la Seine : le Capitaine-Adjudant de Place.............. VILLERS.
Rive gauche : le Capitaine-Adjudant de Place........................ GRAILLARD.

Rien de nouveau.

Le Général de Division,

NOGUÈS.

Pour copie conforme :

L'Adjudant-Commandant, Sous-chef de l'État-major général du Gouvernement de Paris,

DOUCET.

GOUVERNEMENT DE PARIS.
ÉTAT-MAJOR DE LA GARNISON.

ORDRE du 6 Avril 1806.

SERVICE DE L'ÉTAT-MAJOR DE LA GARNISON DE PARIS.

Du 6 au 7 Avril.

Adjudant de Place de service à l'État-major........................ SANSON.
Adjudant de Place de ronde de nuit............................... VILLERS.

Visite aux Casernes, Prisons, Hôpital, et distribution de fourrages.

Rive droite de la Seine : le Capitaine-Adjudant de Place............... VILLERS.
Rive gauche : le Capitaine-Adjudant de Place........................ GRAILLARD.

Du 7 au 8 Avril.

Adjudant de Place de service à l'État-major........................ VIART.
Adjudant de Place de ronde de nuit............................... GRAILLARD.

Visite aux Casernes, Prisons, Hôpital, et distribution de fourrages.

Rive droite de la Seine : le Capitaine-Adjudant de Place.............. GRAILLARD.
Rive gauche : le Lieutenant-Adjudant de Place....................... SANSON.

Rien de nouveau.

Le Général de Division,

NOGUÈS.

Pour copie conforme :

L'Adjudant-Commandant, Sous-chef de l'État-major général du Gouvernement de Paris,

DOUCET.

GOUVERNEMENT DE PARIS.
ÉTAT-MAJOR DE LA GARNISON.

ORDRE du 7 Avril 1806.

SERVICE DE L'ÉTAT-MAJOR DE LA GARNISON DE PARIS.

Du 7 au 8 Avril.

Adjudant de Place de service à l'État-major........................ VIART.
Adjudant de Place de ronde de nuit............................... GRAILLARD.

Visite aux Casernes, Prisons, Hôpital, et distribution de fourrages.

Rive droite de la Seine : le Capitaine-Adjudant de Place............... GRAILLARD.
Rive gauche : le Lieutenant-Adjudant de Place........................ SANSON.

Du 8 au 9 Avril.

Adjudant de Place de service à l'État-major........................ COTEAU.
Adjudant de Place de ronde de nuit............................... SANSON.

Visite aux Casernes, Prisons, Hôpital, et distribution de fourrages.

Rive droite de la Seine : le Lieutenant-Adjudant de Place.............. SANSON.
Rive gauche : le Capitaine-Adjudant de Place........................ VIART.

Rien de nouveau.

Le *Général de Division,*
NOGUÈS.

Pour copie conforme :

L'Adjudant-Commandant, Sous-chef de l'État-major général du Gouvernement de Paris,
DOUCET.

GOUVERNEMENT DE PARIS.
ÉTAT-MAJOR DE LA GARNISON.

ORDRE du 8 Avril 1806.

SERVICE DE L'ÉTAT-MAJOR DE LA GARNISON DE PARIS.

Du 8 au 9 Avril.

Adjudant de Place de service à l'État-major...................... **COTEAU.**
Adjudant de Place de ronde de nuit............................. **SANSON.**

Visite aux Casernes, Prisons, Hôpital, et distribution de fourrages.

Rive droite de la Seine : le Lieutenant-Adjudant de Place............... **SANSON.**
Rive gauche : le Capitaine-Adjudant de Place...................... **VIART.**

Du 9 au 10 Avril.

Adjudant de Place de service à l'État-major...................... **CORDIEZ.**
Adjudant de Place de ronde de nuit............................. **VIART.**

Visite aux Casernes, Prisons, Hôpital, et distribution de fourrages.

Rive droite de la Seine : le Capitaine-Adjudant de Place.............. **VIART.**
Rive gauche : le Capitaine-Adjudant de Place...................... **COTEAU.**

ORDRE GÉNÉRAL.

D'après la lettre de S. E. M. le Grand-Chancelier de la Légion d'honneur, MM. les Commandans, Officiers et Membres de ladite Légion, sont prévenus que la décoration de cette Légion, tant celle d'or que celle d'argent, ne sera donnée dorénavant par sa Majesté, ou envoyée en son nom, que surmontée d'une couronne impériale du même métal que la décoration.

Les Membres de la Légion d'honneur qui ont déjà reçu leur aigle, peuvent continuer de le porter tel qu'il leur a été donné par l'Empereur et Roi, ou transmis au nom de sa Majesté.

Ils peuvent aussi faire ajouter la couronne impériale à leur décoration actuelle, en observant qu'elle soit du même métal que celle qu'ils portent.

Le Général de Division,

NOGUÈS.

Pour copie conforme :

L'Adjudant-Commandant, Sous-chef de l'État-major général du Gouvernement de Paris,

DOUCET.

GOUVERNEMENT DE PARIS.
ÉTAT-MAJOR DE LA GARNISON.

ORDRE du 9 Avril 1806.

Du 9 au 10 Avril.

Adjudant de Place de service à l'État-major......................... CORDIEZ.
Adjudant de Place de ronde de nuit............................. VIART.

Visite aux Casernes, Prisons, Hôpital, et distribution de fourrages.

Rive droite de la Seine : le Capitaine-Adjudant de Place.............. VIART.
Rive gauche : le Capitaine-Adjudant de Place........................ COTEAU.

Du 10 au 11 Avril.

Adjudant de Place de service à l'État-major......................... VILLERS.
Adjudant de Place de ronde de nuit............................. COTEAU.

Visite aux Casernes, Prisons, Hôpital, et distribution de fourrages.

Rive droite de la Seine : le Capitaine-Adjudant de Place.............. COTEAU.
Rive gauche : le Capitaine-Adjudant de Place........................ CORDIEZ.

Rien de nouveau.

Le Général de Division,
NOGUÈS.

Pour copie conforme :

L'Adjudant-Commandant, Sous-chef de l'État-major général du Gouvernement de Paris,
DOUCET.

GOUVERNEMENT DE PARIS.
ÉTAT-MAJOR DE LA GARNISON.

ORDRE du 10 Avril 1806.

SERVICE DE L'ÉTAT-MAJOR DE LA GARNISON DE PARIS.

Du 10 au 11 Avril.

Adjudant de Place de service à l'État-major...................... VILLERS.
Adjudant de Place de ronde de nuit.............................. COTEAU.

Visite aux Casernes, Prisons, Hôpital, et distribution de fourrages.

Rive droite de la Seine : le Capitaine-Adjudant de Place............... COTEAU.
Rive gauche : le Capitaine-Adjudant de Place...................... CORDIEZ.

Du 11 au 12 Avril.

Adjudant de Place de service à l'État-major...................... GRAILLARD.
Adjudant de Place de ronde de nuit.............................. CORDIEZ.

Visite aux Casernes, Prisons, Hôpital, et distribution de fourrages.

Rive droite de la Seine : le Capitaine-Adjudant de Place.............. CORDIEZ.
Rive gauche : le Capitaine-Adjudant de Place...................... VILLERS.

Rien de nouveau.

Le Général de Division,

NOGUÈS.

Pour copie conforme :

L'Adjudant-Commandant, Sous-chef de l'État-major général du Gouvernement de Paris,

DOUCET.

GOUVERNEMENT DE PARIS.

ÉTAT-MAJOR DE LA GARNISON.

ORDRE du 11 Avril 1806.

SERVICE DE L'ÉTAT-MAJOR DE LA GARNISON DE PARIS.

Du 11 au 12 Avril.

|udant de Place de service à l'État-major........................ GRAILLARD.
|udant de Place de ronde de nuit............................... CORDIEZ.

Visite aux Casernes, Prisons, Hôpital, et distribution de fourrages.

e droite de la Seine : le Capitaine-Adjudant de Place.............. CORDIEZ.
e gauche : le Capitaine-Adjudant de Place........................ VILLERS.

Du 12 au 13 Avril.

udant de Place de service à l'État-major........................ SANSON.
udant de Place de ronde de nuit............................... VILLERS.

Visite aux Casernes, Prisons, Hôpital, et distribution de fourrages.

e droite de la Seine : le Capitaine-Adjudant de Place.............. VILLERS.
e gauche : le Capitaine-Adjudant de Place........................ GRAILLARD.

Retraite.

A dater de ce jour, la retraite sera battue dans toutes les casernes et postes de cette ville, à huit res précises du soir.

Le Général de Division,

NOGUÈS.

Pour copie conforme :

L'Adjudant-Commandant, Sous-chef de l'État-major général du Gouvernement de Paris,

DOUCET.

GOUVERNEMENT DE PARIS.
ÉTAT-MAJOR DE LA GARNISON.

ORDRE du 12 Avril 1806.

SERVICE DE L'ÉTAT-MAJOR DE LA GARNISON DE PARIS.

Du 12 au 13 Avril.

Adjudant de Place de service à l'État-major......................... SANSON.
Adjudant de Place de ronde de nuit.............................. VILLERS.

Visite aux Casernes, Prisons, Hôpital, et distribution de fourrages.

Rive droite de la Seine : le Capitaine-Adjudant de Place............... VILLERS.
Rive gauche : le Capitaine-Adjudant de Place........................ GRAILLARD.

Du 13 au 14 Avril.

Adjudant de Place de service à l'État-major........................ VIART.
Adjudant de Place de ronde de nuit............................... GRAILLARD.

Visite aux Casernes, Prisons, Hôpital, et distribution de fourrages.

Rive droite de la Seine : le Capitaine-Adjudant de Place.............. GRAILLARD.
Rive gauche : le Lieutenant-Adjudant de Place....................... SANSON.

Rien de nouveau.

Le Général de Division,

NOGUÈS.

Pour copie conforme :

L'Adjudant-Commandant, Sous-chef de l'État-major général du Gouvernement de Paris,

DOUCET.

GOUVERNEMENT DE PARIS.

ÉTAT-MAJOR DE LA GARNISON.

ORDRE du 13 Avril 1806.

SERVICE DE L'ÉTAT-MAJOR DE LA GARNISON DE PARIS.

Du 13 au 14 Avril.

Adjudant de Place de service à l'État-major...................... VIART.
Adjudant de Place de ronde de nuit............................ GRAILLARD.

Visite aux Casernes, Prisons, Hôpital, et distribution de fourrages.

Rive droite de la Seine : le Capitaine-Adjudant de Place.............. GRAILLARD.
Rive gauche : le Lieutenant-Adjudant de Place....................... SANSON.

Du 14 au 15 Avril.

Adjudant de Place de service à l'État-major........................ COTEAU.
Adjudant de Place de ronde de nuit............................. SANSON.

Visite aux Casernes, Prisons, Hôpital, et distribution de fourrages.

Rive droite de la Seine : le Lieutenant-Adjudant de Place.............. SANSON.
Rive gauche : le Capitaine-Adjudant de Place....................... VIART.

Inspection des Troupes de la Garnison de Paris.

Les 2.ᵉ, 5.ᵉ et 12.ᵉ régimens d'infanterie légère.
Le 1.ᵉʳ régiment et les dragons de la garde de Paris.
Les deux compagnies de réserve du département de la Seine.
Les Adjudans de place qui ne sont pas de service, et douze Adjudans d'arrondissement de cette ville, se rendront ce matin, à dix heures précises, sur la place Vendôme, pour y passer l'inspection de S. A. I. le Prince *LOUIS NAPOLÉON*.
Les régimens arriveront sur la place par bataillon et par compagnie.
Les Capitaines devront être munis du contrôle de leur compagnie.
La troupe devra être en grande tenue.
Le Soldat devra avoir le sac sur le dos, et être porteur de son livret.

Le Général de Division,

NOGUÈS.

Pour copie conforme :

L'Adjudant-Commandant, Sous-chef de l'État-major général du Gouvernement de Paris,

DOUCET.

GOUVERNEMENT DE PARIS.
ÉTAT-MAJOR DE LA GARNISON.

ORDRE du 14 Avril 1806.

SERVICE DE L'ÉTAT-MAJOR DE LA GARNISON DE PARIS.

Du 14 au 15 Avril.

Adjudant de Place de service à l'État-major......................... COTEAU.
Adjudant de Place de ronde de nuit............................... SANSON.

Visite aux Casernes, Prisons, Hôpital, et distribution de fourrages.

Rive droite de la Seine : le Lieutenant-Adjudant de Place............... SANSON.
Rive gauche : le Capitaine-Adjudant de Place....................... VIART.

Du 15 au 16 Avril.

Adjudant de Place de service à l'État-major......................... CORDIEZ.
Adjudant de Place de ronde de nuit............................... VIART.

Visite aux Casernes, Prisons, Hôpital, et distribution de fourrages.

Rive droite de la Seine : le Capitaine-Adjudant de Place.............. VIART.
Rive gauche : le Capitaine-Adjudant de Place....................... COTEAU.

Rien de nouveau.

Le Général de Division,

NOGUÈS.

Pour copie conforme :

L'Adjudant-Commandant, Sous-chef de l'État-major général du Gouvernement de Paris,

DOUCET.

GOUVERNEMENT DE PARIS.
ÉTAT-MAJOR DE LA GARNISON.

ORDRE du 15 Avril 1806.

SERVICE DE L'ÉTAT-MAJOR DE LA GARNISON DE PARIS.

Du 15 au 16 Avril.

Adjudant de Place de service à l'État-major........................ CORDIEZ.
Adjudant de Place de ronde de nuit.............................. VIART.

Visite aux Casernes, Prisons, Hôpital, et distribution de fourrages.

Rive droite de la Seine : le Capitaine-Adjudant de Place.............. VIART.
Rive gauche : le Capitaine-Adjudant de Place....................... COTEAU.

Du 16 au 17 Avril.

Adjudant de Place de service à l'État-major........................ VILLERS.
Adjudant de Place de ronde de nuit............................. COTEAU.

Visite aux Casernes, Prisons, Hôpital, et distribution de fourrages.

Rive droite de la Seine : le Capitaine-Adjudant de Place.............. CÔTEAU.
Rive gauche : le Capitaine-Adjudant de Place....................... CORDIEZ.

Rien de nouveau.

Le Général de Division,
NOGUÈS.

Pour copie conforme :

L'Adjudant-Commandant, Sous-chef de l'État-major général du Gouvernement de Paris,
DOUCET.

GOUVERNEMENT DE PARIS.
ÉTAT-MAJOR DE LA GARNISON.

ORDRE du 16 Avril 1806.

SERVICE DE L'ÉTAT-MAJOR DE LA GARNISON DE PARIS.

Du 16 au 17 Avril.

Adjudant de Place de service à l'État-major......................... VILLERS.
Adjudant de Place de ronde de nuit.............................. COTEAU.

Visite aux Casernes, Prisons, Hôpital, et distribution de fourrages.

Rive droite de la Seine : le Capitaine-Adjudant de Place................ COTEAU.
Rive gauche : le Capitaine-Adjudant de Place........................ CORDIEZ.

Du 17 au 18 Avril.

Adjudant de Place de service à l'État-major......................... GRAILLARD.
Adjudant de Place de ronde de nuit.............................. CORDIEZ.

Visite aux Casernes, Prisons, Hôpital, et distribution de fourrages.

Rive droite de la Seine : le Capitaine-Adjudant de Place............... CORDIEZ.
Rive gauche : le Capitaine-Adjudant de Place....................... VILLERS.

Rien de nouveau.

Le Général de Division,

NOGUÈS.

Pour copie conforme :

L'Adjudant-Commandant, Sous-chef de l'État-major général du Gouvernement de Paris,

DOUCET.

GOUVERNEMENT DE PARIS.
ÉTAT-MAJOR DE LA GARNISON.

ORDRE du 17 Avril 1806.

SERVICE DE L'ÉTAT-MAJOR DE LA GARNISON DE PARIS.

Du 17 au 18 Avril.

Adjudant de Place de service à l'État-major...................... GRAILLARD.
Adjudant de Place de ronde de nuit............................. CORDIEZ.

Visite aux Casernes, Prisons, Hôpital, et distribution de fourrages.

Rive droite de la Seine : le Capitaine-Adjudant de Place............... CORDIEZ.
Rive gauche : le Capitaine-Adjudant de Place...................... VILLERS.

Du 18 au 19 Avril.

Adjudant de Place de service à l'État-major...................... SANSON.
Adjudant de Place de ronde de nuit............................. VILLERS.

Visite aux Casernes, Prisons, Hôpital, et distribution de fourrages.

Rive droite de la Seine : le Capitaine-Adjudant de Place............... VILLERS.
Rive gauche : le Capitaine-Adjudant de Place...................... GRAILLARD.

Rien de nouveau.

Le *Général de Division*,
NOGUÈS.

Pour copie conforme :

L'Adjudant-Commandant, Sous-chef de l'État-major général du Gouvernement de Paris,
DOUCET.

GOUVERNEMENT DE PARIS.
ÉTAT-MAJOR DE LA GARNISON.

ORDRE du 18 Avril 1806.

SERVICE DE L'ÉTAT-MAJOR DE LA GARNISON DE PARIS.

Du 18 au 19 Avril.

Adjudant de Place de service à l'État-major........................ SANSON.
Adjudant de Place de ronde de nuit.............................. VILLERS.

Visite aux Casernes, Prisons, Hôpital, et distribution de fourrages.

Rive droite de la Seine : le Capitaine-Adjudant de Place.............. VILLERS.
Rive gauche : le Capitaine-Adjudant de Place...................... GRAILLARD.

Du 19 au 20 Avril.

Adjudant de Place de service à l'État-major........................ VIART.
Adjudant de Place de ronde de nuit.............................. GRAILLARD.

Visite aux Casernes, Prisons, Hôpital, et distribution de fourrages.

Rive droite de la Seine : le Capitaine-Adjudant de Place.............. GRAILLARD.
Rive gauche : le Lieutenant-Adjudant de Place..................... SANSON.

ORDRE GÉNÉRAL.

L'époque de l'ouverture de l'Hôpital militaire de Bourbonne-les-Bains étant fixée du 10 au 20 Mai prochain, les militaires que leurs infirmités peuvent mettre dans le cas d'être envoyés cette année aux Eaux minérales, doivent passer à la visite. A cet effet, ceux faisant partie de la garnison de Paris devront s'adresser au Commissaire des guerres *Lefebvre-Montabon*, au Quartier-général, rue Neuve-des-Capucines; et ceux faisant partie des Corps employés dans les départemens qui composent la 1.re Division militaire, s'adresseront au Commissaire des guerres employé dans chacun de ces départemens.

MM. les Chefs des Corps dans lesquels il se trouve des militaires auxquels l'usage des eaux est reconnu nécessaire cette année, doivent les envoyer à la visite avant l'époque déterminée pour le départ.

Le Général de Division,

NOGUÈS.

Pour copie conforme :

L'Adjudant-Commandant, Sous-chef de l'État-major général du Gouvernement de Paris,

DOUCET.

GOUVERNEMENT DE PARIS.

ÉTAT-MAJOR DE LA GARNISON.

ORDRE du 19 Avril 1806.

Du 19 au 20 Avril.

Adjudant de Place de service à l'État-major......................... VIART.
Adjudant de Place de ronde de nuit................................. GRAILLARD.

Visite aux Casernes, Prisons, Hôpital, et distribution de fourrages.

Rive droite de la Seine : le Capitaine-Adjudant de Place............... GRAILLARD.
Rive gauche : le Lieutenant-Adjudant de Place...................... SANSON.

Du 20 au 21 Avril.

Adjudant de Place de service à l'État-major......................... COTEAU.
Adjudant de Place de ronde de nuit................................. SANSON.

Visite aux Casernes, Prisons, Hôpital, et distribution de fourrages.

Rive droite de la Seine : le Lieutenant-Adjudant de Place............... SANSON.
Rive gauche : le Capitaine-Adjudant de Place...................... VIART.

Rien de nouveau.

Le *Général de Division*,

NOGUÈS.

Pour copie conforme :

L'Adjudant-Commandant, Sous-chef de l'État-major général du Gouvernement de Paris,

DOUCET.

GOUVERNEMENT DE PARIS.
ÉTAT-MAJOR DE LA GARNISON.

ORDRE du 20 Avril 1806.

SERVICE DE L'ÉTAT-MAJOR DE LA GARNISON DE PARIS.

Du 20 au 21 Avril.

Adjudant de Place de service à l'État-major.......................... COTEAU.
Adjudant de Place de ronde de nuit............................... SANSON.

Visite aux Casernes, Prisons, Hôpital, et distribution de fourrages.

Rive droite de la Seine : le Capitaine-Adjudant de Place............... SANSON.
Rive gauche : le Capitaine-Adjudant de Place........................ VIART.

Du 21 au 22 Avril.

Adjudant de Place de service à l'État-major.......................... CORDIEZ.
Adjudant de Place de ronde de nuit............................... VIART.

Visite aux Casernes, Prisons, Hôpital, et distribution de fourrages.

Rive droite de la Seine : le Capitaine-Adjudant de Place............... VIART.
Rive gauche : le Capitaine-Adjudant de Place........................ COTEAU.

Rien de nouveau.

Le Général de Division,
NOGUÈS.

Pour copie conforme :

L'Adjudant-Commandant, Sous-chef de l'État-major général du Gouvernement de Paris,
DOUCET.

GOUVERNEMENT DE PARIS.
ÉTAT-MAJOR DE LA GARNISON.

ORDRE du 21 Avril 1806.

SERVICE DE L'ÉTAT-MAJOR DE LA GARNISON DE PARIS.

Du 21 au 22 Avril.

Adjudant de Place de service à l'État-major...................... CORDIEZ.
Adjudant de Place de ronde de nuit............................ VIART.

Visite aux Casernes, Prisons, Hôpital, et distribution de fourrages.

Rive droite de la Seine : le Capitaine-Adjudant de Place................ VIART.
Rive gauche : le Capitaine-Adjudant de Place......................... COTEAU.

Du 22 au 23 Avril.

Adjudant de Place de service à l'État-major........................ VILLERS.
Adjudant de Place de ronde de nuit................................ COTEAU.

Visite aux Casernes, Prisons, Hôpital, et distribution de fourrages.

Rive droite de la Seine : le Capitaine-Adjudant de Place............... COTEAU.
Rive gauche : le Capitaine-Adjudant de Place....................... CORDIEZ.

Rien de nouveau.

Le Général de Division,
NOGUÈS.

Pour copie conforme :
L'Adjudant-Commandant, Sous-chef de l'État-major général du Gouvernement de Paris,
DOUCET.

GOUVERNEMENT DE PARIS.
ÉTAT-MAJOR DE LA GARNISON.

ORDRE du 22 Avril 1806.

SERVICE DE L'ÉTAT-MAJOR DE LA GARNISON DE PARIS.

Du 22 au 23 Avril.

Adjudant de Place, de service à l'État-major......................... VILLERS.
Adjudant de Place de ronde de nuit............................... COTEAU.

Visite aux Casernes, Prisons, Hôpital, et distribution de fourrages.

Rive droite de la Seine : le Capitaine-Adjudant de Place............... COTEAU.
Rive gauche : le Capitaine-Adjudant de Place........................ CORDIEZ.

Du 23 au 24 Avril.

Adjudant de Place de service à l'État-major......................... GRAILLARD.
Adjudant de Place de ronde de nuit............................... CORDIEZ.

Visite aux Casernes, Prisons, Hôpital, et distribution de fourrages.

Rive droite de la Seine : le Capitaine-Adjudant de Place............... CORDIEZ.
Rive gauche : le Capitaine-Adjudant de Place........................ VILLERS.

Rien de nouveau.

Le Général de Division,
NOGUÈS.

Pour copie conforme :

L'Adjudant-Commandant, Sous-chef de l'État-major général du Gouvernement de Paris,
DOUCET.

GOUVERNEMENT DE PARIS.
ÉTAT-MAJOR DE LA GARNISON.

ORDRE du 23 Avril 1806.

SERVICE DE L'ÉTAT-MAJOR DE LA GARNISON DE PARIS.

Du 23 au 24 Avril.

Adjudant de Place de service à l'État-major........................ GRAILLARD.
Adjudant de Place de ronde de nuit............................... CORDIEZ.

Visite aux Casernes, Prisons, Hôpital, et distribution de fourrages.

Rive droite de la Seine : le Capitaine-Adjudant de Place............... CORDIEZ.
Rive gauche : le Capitaine-Adjudant de Place........................ VILLERS.

Du 24 au 25 Avril.

Adjudant de Place de service à l'État-major........................ SANSON.
Adjudant de Place de ronde de nuit............................... VILLERS.

Visite aux Casernes, Prisons, Hôpital, et distribution de fourrages.

Rive droite de la Seine : le Capitaine-Adjudant de Place.............. VILLERS.
Rive gauche : le Capitaine-Adjudant de Place........................ GRAILLARD.

Rien de nouveau.

Le Général de Division,
NOGUÈS.

Pour copie conforme :

L'Adjudant-Commandant, Sous-chef de l'État-major général du Gouvernement de Paris,
DOUCET.

GOUVERNEMENT DE PARIS.
ÉTAT-MAJOR DE LA GARNISON.

ORDRE du 24 Avril 1806.

SERVICE DE L'ÉTAT-MAJOR DE LA GARNISON DE PARIS.

Du 24 au 25 Avril.

Adjudant de Place de service à l'État-major......................... SANSON.
Adjudant de Place de ronde de nuit............................... VILLERS.

Visite aux Casernes, Prisons, Hôpital, et distribution de fourrages.

Rive droite de la Seine : le Capitaine-Adjudant de Place............... VILLERS.
Rive gauche : le Capitaine-Adjudant de Place....................... GRAILLARD.

Du 25 au 26 Avril.

Adjudant de Place de service à l'État-major......................... VIART.
Adjudant de Place de ronde de nuit............................... GRAILLARD.

Visite aux Casernes, Prisons, Hôpital, et distribution de fourrages.

Rive droite de la Seine : le Capitaine-Adjudant de Place............... GRAILLARD.
Rive gauche : le Lieutenant-Adjudant de Place....................... SANSON.

Rien de nouveau.

Le Général de Division,
NOGUÈS.

Pour copie conforme :

L'Adjudant-Commandant, Sous-chef de l'État-major général du Gouvernement de Paris;
DOUCET.

GOUVERNEMENT DE PARIS.
ÉTAT-MAJOR DE LA GARNISON.

ORDRE du 25 Avril 1806.

Du 25 au 26 Avril.

Adjudant de Place de service à l'État-major......................... Viart.
Adjudant de Place de ronde de nuit............................. Graillard.

Visite aux Casernes, Prisons, Hôpital, et distribution de fourrages.

Rive droite de la Seine : le Capitaine-Adjudant de Place................ Graillard.
Rive gauche : le Lieutenant-Adjudant de Place........................ Sanson.

Du 26 au 27 Avril.

Adjudant de Place de service à l'État-major......................... Coteau.
Adjudant de Place de ronde de nuit............................. Sanson.

Visite aux Casernes, Prisons, Hôpital, et distribution de fourrages.

Rive droite de la Seine : le Lieutenant-Adjudant de Place.............. Sanson.
Rive gauche : le Capitaine-Adjudant de Place........................ Viart.

Rien de nouveau.

Le Général de Division,
NOGUÈS.

Pour copie conforme :

L'Adjudant-Commandant, Sous-chef de l'État-major général du Gouvernement de Paris,
DOUCET.

GOUVERNEMENT DE PARIS.
ÉTAT-MAJOR DE LA GARNISON.

ORDRE du 26 Avril 1806.

SERVICE DE L'ÉTAT-MAJOR DE LA GARNISON DE PARIS.

Du 26 au 27 Avril.

Adjudant de Place de service à l'État-major...................... COTEAU.
Adjudant de Place de ronde de nuit............................ SANSON.

Visite aux Casernes, Prisons, Hôpital, et distribution de fourrages.

Rive droite de la Seine : le Lieutenant-Adjudant de Place............. SANSON.
Rive gauche : le Capitaine-Adjudant de Place...................... VIART.

Du 27 au 28 Avril.

Adjudant de Place de service à l'État-major...................... CORDIEZ.
Adjudant de Place de ronde de nuit............................ VIART.

Visite aux Casernes, Prisons, Hôpital, et distribution de fourrages.

Rive droite de la Seine : le Capitaine-Adjudant de Place............... VIART.
Rive gauche : le Capitaine-Adjudant de Place...................... COTEAU.

Rien de nouveau.

Le Général de Division,

NOGUÈS.

Pour copie conforme :

L'Adjudant-Commandant, Sous-chef de l'État-major général du Gouvernement de Paris;

DOUCET.

GOUVERNEMENT DE PARIS.
ÉTAT-MAJOR DE LA GARNISON.

ORDRE du 27 Avril 1806.

SERVICE DE L'ÉTAT-MAJOR DE LA GARNISON DE PARIS.

Du 27 au 28 Avril.

Adjudant de Place de service à l'État-major........................ CORDIEZ.
Adjudant de Place de ronde de nuit............................... VIART.

Visite aux Casernes, Prisons, Hôpital, et distribution de fourrages.

Rive droite de la Seine : le Capitaine-Adjudant de Place............... VIART.
Rive gauche : le Capitaine-Adjudant de Place........................ COTEAU.

Du 28 au 29 Avril.

Adjudant de Place de service à l'État-major........................ VILLERS.
Adjudant de Place de ronde de nuit............................... COTEAU.

Visite aux Casernes, Prisons, Hôpital, et distribution de fourrages.

Rive droite de la Seine : le Capitaine-Adjudant de Place.............. COTEAU.
Rive gauche : le Capitaine-Adjudant de Place........................ CORDIEZ.

Rien de nouveau.

Le Général de Division,
NOGUÈS.

Pour copie conforme :

L'Adjudant-Commandant, Sous-chef de l'État-major général du Gouvernement de Paris,
DOUCET.

GOUVERNEMENT DE PARIS.
ÉTAT-MAJOR DE LA GARNISON.

ORDRE du 28 Avril 1806.

Du 28 au 29 Avril.

Adjudant de Place de service à l'État-major......................... VILLERS.
Adjudant de Place de ronde de nuit............................. COTEAU.

Visite aux Casernes, Prisons, Hôpital, et distribution de fourrages.

Rive droite de la Seine : le Capitaine-Adjudant de Place.............. COTEAU.
Rive gauche : le Capitaine-Adjudant de Place...................... CORDIEZ.

Du 29 au 30 Avril.

Adjudant de Place de service à l'État-major......................... GRAILLARD.
Adjudant de Place de ronde de nuit............................. CORDIEZ.

Visite aux Casernes, Prisons, Hôpital, et distribution de fourrages.

Rive droite de la Seine : le Capitaine-Adjudant de Place............... CORDIEZ.
Rive gauche : le Capitaine-Adjudant de Place...................... VILLERS.

Rien de nouveau.

Le Général de Division,
NOGUÈS.

Pour copie conforme :

L'Adjudant-Commandant, Sous-chef de l'État-major général du Gouvernement de Paris,
DOUCET.

GOUVERNEMENT DE PARIS.
ÉTAT-MAJOR DE LA GARNISON.

ORDRE du 29 Avril 1806.

SERVICE DE L'ÉTAT-MAJOR DE LA GARNISON DE PARIS.

Du 29 au 30 Avril.

Adjudant de Place de service à l'État-major......................... GRAILLARD.
Adjudant de Place de ronde de nuit............................... CORDIEZ.

Visite aux Casernes, Prisons, Hôpital, et distribution de fourrages.

Rive droite de la Seine : le Capitaine-Adjudant de Place................ CORDIEZ.
Rive gauche : le Capitaine-Adjudant de Place....................... VILLERS.

Du 30 Avril au 1.ᵉʳ Mai.

Adjudant de Place de service à l'État-major......................... SANSON.
Adjudant de Place de ronde de nuit............................... VILLERS.

Visite aux Casernes, Prisons, Hôpital, et distribution de fourrages.

Rive droite de la Seine : le Capitaine-Adjudant de Place.............. VILLERS.
Rive gauche : le Capitaine-Adjudant de Place....................... GRAILLARD.

Rien de nouveau.

Le *Général de Division,*
NOGUÈS.

Pour copie conforme :

L'Adjudant-Commandant, Sous-chef de l'État-major général du Gouvernement de Paris ;
DOUCET.

GOUVERNEMENT DE PARIS.
ÉTAT-MAJOR DE LA GARNISON.

ORDRE du 30 Avril 1806.

SERVICE DE L'ÉTAT-MAJOR DE LA GARNISON DE PARIS.

Du 30 Avril au 1.ᵉʳ Mai.

Adjudant de Place de service à l'État-major.......................... SANSON.
Adjudant de Place de ronde de nuit.............................. VILLERS.

Visite aux Casernes, Prisons, Hôpital, et distribution de fourrages.

Rive droite de la Seine : le Capitaine-Adjudant de Place............... VILLERS.
Rive gauche : le Capitaine-Adjudant de Place........................ GRAILLARD.

Du 1.ᵉʳ au 2 Mai.

Adjudant de Place de service à l'État-major......................... VIART.
Adjudant de Place de ronde de nuit.............................. GRAILLARD.

Visite aux Casernes, Prisons, Hôpital, et distribution de fourrages.

Rive droite de la Seine : le Capitaine-Adjudant de Place............... GRAILLARD.
Rive gauche : le Lieutenant-Adjudant de Place....................... SANSON.

Rien de nouveau.

Le *Général de Division,*

NOGUÈS.

Pour copie conforme :

L'Adjudant-Commandant, Sous-chef de l'État-major général du Gouvernement de Paris,

DOUCET.

GOUVERNEMENT DE PARIS.
ÉTAT-MAJOR DE LA GARNISON.

ORDRE du 1.er Mai 1806.

SERVICE DE L'ÉTAT-MAJOR DE LA GARNISON DE PARIS.

Du 1.er au 2 Mai.

Adjudant de Place de service à l'État - major...................... VIART.
Adjudant de Place de ronde de nuit........................... GRAILLARD.

Visite aux Casernes, Prisons, Hôpital, et distribution de fourrages.

Rive droite de la Seine : le Capitaine-Adjudant de Place............... GRAILLARD.
Rive gauche : le Lieutenant-Adjudant de Place....................... SANSON.

Du 2 au 3 Mai.

Adjudant de Place de service à l'État - major...................... COTEAU.
Adjudant de Place de ronde de nuit........................... SANSON.

Visite aux Casernes, Prisons, Hôpital, et distribution de fourrages.

Rive droite de la Seine : le Lieutenant-Adjudant de Place............. SANSON.
Rive gauche : le Capitaine-Adjudant de Place....................... VIART.

ORDRE GÉNÉRAL.

D'après les ordres de S. E. le Ministre-directeur de l'Administration de la guerre, les Militaires destinés à aller aux Eaux seront divisés en deux parties, l'une partant dans le courant de Mai, et l'autre dans le courant de Juillet prochain.

En conséquence les Chefs des Corps qui composent la garnison de Paris, sont prévenus que la visite des Militaires devant partir pour les Eaux de Bourbonne-les-Bains, aura lieu au Val-de-Grâce, où ils doivent être envoyés, le 10 du courant, et que le départ de ces Militaires est fixé au 19 du même mois à six heures du matin.

Ce premier envoi devra se composer des malades pour qui l'usage des eaux est d'une nécessité plus urgente.

Le Général de Division,

NOGUÈS.

Pour copie conforme :

L'Adjudant-Commandant, Sous-chef de l'État-major général du Gouvernement de Paris,

DOUCET.

GOUVERNEMENT DE PARIS.
ÉTAT-MAJOR DE LA GARNISON.

ORDRE du 2 Mai 1806.

SERVICE DE L'ÉTAT-MAJOR DE LA GARNISON DE PARIS.

Du 2 au 3 Mai.

Adjudant de Place de service à l'État-major........................ COTEAU.
Adjudant de Place de ronde de nuit............................... SANSON.

Visite aux Casernes, Prisons, Hôpital, et distribution de fourrages.

Rive droite de la Seine : le Lieutenant-Adjudant de Place.............. SANSON.
Rive gauche : le Capitaine-Adjudant de Place....................... VIART.

Du 3 au 4 Mai.

Adjudant de Place de service à l'État-major........................ CORDIEZ.
Adjudant de Place de ronde de nuit............................... VIART.

Visite aux Casernes, Prisons, Hôpital, et distribution de fourrages.

Rive droite de la Seine : le Capitaine-Adjudant de Place.............. VIART.
Rive gauche : le Capitaine-Adjudant de Place....................... COTEAU.

Rien de nouveau.

Le Général de Division,

NOGUÈS.

Pour copie conforme :

L'Adjudant-Commandant, Sous-chef de l'État-major général du Gouvernement de Paris,

DOUCET.

GOUVERNEMENT DE PARIS.
ÉTAT-MAJOR DE LA GARNISON.

ORDRE du 3 Mai 1806.

SERVICE DE L'ÉTAT-MAJOR DE LA GARNISON DE PARIS.

Du 3 au 4 Mai.

Adjudant de Place de service à l'État-major........................ CORDIEZ.
Adjudant de Place de ronde de nuit................................ VIART.

Visite aux Casernes, Prisons, Hôpital, et distribution de fourrages.

Rive droite de la Seine : le Capitaine-Adjudant de Place.............. VIART.
Rive gauche : le Capitaine-Adjudant de Place...................... COTEAU.

Du 4 au 5 Mai.

Adjudant de Place de service à l'État-major....................... VILLERS.
Adjudant de Place de ronde de nuit............................... COTEAU.

Visite aux Casernes, Prisons, Hôpital, et distribution de fourrages.

Rive droite de la Seine : le Capitaine-Adjudant de Place............. COTEAU.
Rive gauche : le Capitaine-Adjudant de Place...................... CORDIEZ.

Corvées.

Le 2.ᵉ Régiment d'infanterie légère fournira, à dater de ce jour, tous les hommes de corvée nécessaires aux travaux du dépôt central de l'Artillerie, sur la réquisition particulière de M. le Directeur dudit dépôt.

Le Général de Division,
NOGUÈS.

Pour copie conforme :

L'Adjudant-Commandant, Sous-chef de l'État-major général du Gouvernement de Paris,
DOUCET.

GOUVERNEMENT DE PARIS.
ÉTAT-MAJOR DE LA GARNISON.

ORDRE du 4 Mai 1806.

Du 4 au 5 Mai.

Adjudant de Place de service à l'État-major........................ VILLERS.
Adjudant de Place de ronde de nuit.............................. COTEAU.

Visite aux Casernes, Prisons, Hôpital, et distribution de fourrages.

Rive droite de la Seine : le Capitaine-Adjudant de Place.............. COTEAU.
Rive gauche : le Capitaine-Adjudant de Place...................... CORDIEZ.

Du 5 au 6 Mai.

Adjudant de Place de service à l'État-major........................ GRAILLARD.
Adjudant de Place de ronde de nuit.............................. CORDIEZ.

Visite aux Casernes, Prisons, Hôpital, et distribution de fourrages.

Rive droite de la Seine : le Capitaine-Adjudant de Place.............. CORDIEZ.
Rive gauche : le Capitaine-Adjudant de Place...................... VILLERS.

ORDRE GÉNÉRAL du 3 Mai.

Il y aura inspection demain 4 Mai, à dix heures du matin, sur la Place Vendôme.
Les Troupes de la garnison y seront dans la meilleure tenue militaire possible.

Le Général de Division,
NOGUÈS.

Pour copie conforme :

L'Adjudant-Commandant, Sous-chef de l'État-major général du Gouvernement de Paris,
DOUCET.

GOUVERNEMENT DE PARIS.
ÉTAT-MAJOR DE LA GARNISON.

ORDRE du 5 Mai 1806.

SERVICE DE L'ÉTAT-MAJOR DE LA GARNISON DE PARIS.

Du 5 au 6 Mai.

Adjudant de Place de service à l'État-major...................... GRAILLARD.
Adjudant de Place de ronde de nuit............................ CORDIEZ.

Visite aux Casernes, Prisons, Hôpital, et distribution de fourrages.

Rive droite de la Seine : le Capitaine-Adjudant de Place............. CORDIEZ.
Rive gauche : le Capitaine-Adjudant de Place..................... VILLERS.

Du 6 au 7 Mai.

Adjudant de Place de service à l'État-major...................... SANSON.
Adjudant de Place de ronde de nuit............................ VILLERS.

Visite aux Casernes, Prisons, Hôpital, et distribution de fourrages.

Rive droite de la Seine : le Capitaine-Adjudant de Place............. VILLERS.
Rive gauche : le Capitaine-Adjudant de Place..................... GRAILLARD.

Rien de nouveau.

Le Général de Division,
NOGUÈS.

Pour copie conforme :

L'Adjudant-Commandant, Sous-chef de l'État-major général du Gouvernement de Paris,
DOUCET.

GOUVERNEMENT DE PARIS.
ÉTAT-MAJOR DE LA GARNISON.

ORDRE du 6 Mai 1806.

Du 6 au 7 Mai.

Adjudant de Place de service à l'État-major......................... SANSON.
Adjudant de Place de ronde de nuit............................... VILLERS.

Visite aux Casernes, Prisons, Hôpital, et distribution de fourrages.

Rive droite de la Seine : le Capitaine-Adjudant de Place................ VILLERS.
Rive gauche : le Capitaine-Adjudant de Place........................ GRAILLARD.

Du 7 au 8 Mai.

Adjudant de Place de service à l'État-major......................... VIART.
Adjudant de Place de ronde de nuit............................... GRAILLARD.

Visite aux Casernes, Prisons, Hôpital, et distribution de fourrages.

Rive droite de la Seine : le Capitaine-Adjudant de Place............... GRAILLARD.
Rive gauche : le Lieutenant-Adjudant de Place....................... SANSON.

Rien de nouveau.

Le *Général de Division*,

NOGUÈS.

Pour copie conforme :

L'Adjudant-Commandant, Sous-chef de l'État-major général du Gouvernement de Paris,

DOUCET.

GOUVERNEMENT DE PARIS.
ÉTAT-MAJOR DE LA GARNISON.

ORDRE du 7 Mai 1806.

Du 7 au 8 Mai.

Adjudant de Place de service à l'État-major......................... VIART.
Adjudant de Place de ronde de nuit............................. GRAILLARD.

Visite aux Casernes, Prisons, Hôpital, et distribution de fourrages.

Rive droite de la Seine : le Capitaine-Adjudant de Place.............. GRAILLARD.
Rive gauche : le Lieutenant-Adjudant de Place....................... SANSON.

Du 8 au 9 Mai.

Adjudant de Place de service à l'État-major......................... COTEAU.
Adjudant de Place de ronde de nuit............................... SANSON.

Visite aux Casernes, Prisons, Hôpital, et distribution de fourrages.

Rive droite de la Seine : le Lieutenant-Adjudant de Place.............. SANSON.
Rive gauche : le Capitaine-Adjudant de Place....................... VIART.

Rien de nouveau.

Le *Général de Division,*
NOGUÈS.

Pour copie conforme :

L'Adjudant-Commandant, Sous-chef de l'État-major général du Gouvernement de Paris,
DOUCET.

GOUVERNEMENT DE PARIS.

ÉTAT-MAJOR DE LA GARNISON.

ORDRE du 8 Mai 1806.

Du 8 au 9 Mai.

Adjudant de Place de service à l'État-major....................... COTEAU.
Adjudant de Place de ronde de nuit............................... SANSON.

Visite aux Casernes, Prisons, Hôpital, et distribution de fourrages.

Rive droite de la Seine : le Lieutenant-Adjudant de Place.............. SANSON.
Rive gauche : le Capitaine-Adjudant de Place...................... VIART.

Du 9 au 10 Mai.

Adjudant de Place de service à l'État-major....................... CORDIEZ.
Adjudant de Place de ronde de nuit............................... VIART.

Visite aux Casernes, Prisons, Hôpital, et distribution de fourrages.

Rive droite de la Seine : le Capitaine-Adjudant de Place.............. VIART.
Rive gauche : le Capitaine-Adjudant de Place...................... COTEAU.

Rien de nouveau.

Le Général de Division,
NOGUÈS.

Pour copie conforme :

L'Adjudant-Commandant, Sous-chef de l'État-major général du Gouvernement de Paris,
DOUCET.

GOUVERNEMENT DE PARIS.
ÉTAT-MAJOR DE LA GARNISON.

ORDRE du 10 Mai 1806.

SERVICE DE L'ÉTAT-MAJOR DE LA GARNISON DE PARIS.

Du 10 au 11 Mai.

Adjudant de Place de service à l'État-major.......................... VILLERS.
Adjudant de Place de ronde de nuit.............................. COTEAU.

Visite aux Casernes, Prisons, Hôpital, et distribution de fourrages.

Rive droite de la Seine : le Capitaine-Adjudant de Place.............. COTEAU.
Rive gauche : le Capitaine-Adjudant de Place....................... CORDIEZ.

Du 11 au 12 Mai.

Adjudant de Place de service à l'État-major....................... GRAILLARD.
Adjudant de Place de ronde de nuit.............................. CORDIEZ.

Visite aux Casernes, Prisons, Hôpital, et distribution de fourrages.

Rive droite de la Seine : le Capitaine-Adjudant de Place............. CORDIEZ.
Rive gauche : le Capitaine-Adjudant de Place...................... VILLERS.

Au Quartier général, à Paris, le 9 Mai 1806.

ORDRE GÉNÉRAL.

Les Élèves de l'École Impériale militaire de Fontainebleau qui se se trouvent actuellement à Paris, en partiront avant lundi pour rejoindre leurs corps. Ceux qui, après cette époque, se trouveront encore en cette ville, seront punis sévèrement.

LOUIS NAPOLÉON.

Pour copie conforme :

Le Général de Division,

NOGUÈS.

Pour copie conforme :

L'Adjudant-Commandant, Sous-chef de l'État-major général du Gouvernement de Paris,

DOUCET.

GOUVERNEMENT DE PARIS.
ÉTAT-MAJOR DE LA GARNISON.

ORDRE du 11 Mai 1806.

Du 11 au 12 Mai.

Adjudant de Place de service à l'État-major.......................... GRAILLARD.
Adjudant de Place de ronde de nuit.............................. CORDIEZ.

Visite aux Casernes, Prisons, Hôpital, et distribution de fourrages.

Rive droite de la Seine : le Capitaine-Adjudant de Place.............. CORDIEZ.
Rive gauche : le Capitaine-Adjudant de Place........................ VILLERS.

Du 12 au 13 Mai.

Adjudant de Place de service à l'État-major........................ SANSON.
Adjudant de Place de ronde de nuit............................... VILLERS.

Visite aux Casernes, Prisons, Hôpital, et distribution de fourrages.

Rive droite de la Seine : le Capitaine-Adjudant de Place.............. VILLERS.
Rive gauche : le Capitaine-Adjudant de Place....................... GRAILLARD.

ORDRE GÉNÉRAL du 10 Mai.

Il y aura grande parade demain 11 du courant ; les troupes s'y rendront dans la meilleure tenue possible. Leur inspection aura lieu place Vendôme, à dix heures et demie du matin.

Le Général de Division,

NOGUÈS.

Pour copie conforme :

L'Adjudant-Commandant, Sous-chef de l'État-major général du Gouvernement de Paris,

DOUCET.

GOUVERNEMENT DE PARIS.
ÉTAT-MAJOR DE LA GARNISON.

ORDRE du 12 Mai 1806.

SERVICE DE L'ÉTAT-MAJOR DE LA GARNISON DE PARIS.

Du 12 au 13 Mai.

Adjudant de Place de service à l'État-major...................... SANSON.
Adjudant de Place de ronde de nuit............................ VILLERS.

Visite aux Casernes, Prisons, Hôpital, et distribution de fourrages.

Rive droite de la Seine : le Capitaine-Adjudant de Place............... VILLERS.
Rive gauche : le Capitaine-Adjudant de Place..................... GRAILLARD.

Du 13 au 14 Mai.

Adjudant de Place de service à l'État-major...................... VIART.
Adjudant de Place de ronde de nuit............................ GRAILLARD.

Visite aux Casernes, Prisons, Hôpital, et distribution de fourrages.

Rive droite de la Seine : le Capitaine-Adjudant de Place............. GRAILLARD.
Rive gauche : le Lieutenant-Adjudant de Place..................... SANSON.

Rien de nouveau.

Le *Général de Division*,

NOGUÈS.

Pour copie conforme :

L'Adjudant-Commandant, Sous-chef de l'État-major général du Gouvernement de Paris,

DOUCET.

GOUVERNEMENT DE PARIS.
ÉTAT-MAJOR DE LA GARNISON.

ORDRE du 13 Mai 1806.

SERVICE DE L'ÉTAT-MAJOR DE LA GARNISON DE PARIS.

Du 13 au 14 Mai.

Adjudant de Place de service à l'État-major........................ VIART.
Adjudant de Place de ronde de nuit............................... GRAILLARD.

Visite aux Casernes, Prisons, Hôpital, et distribution de fourrages.

Rive droite de la Seine : le Capitaine-Adjudant de Place.............. GRAILLARD.
Rive gauche : le Lieutenant-Adjudant de Place....................... SANSON.

Du 14 au 15 Mai.

Adjudant de Place de service à l'État-major........................ CÔTEAU.
Adjudant de Place de ronde de nuit............................... SANSON.

Visite aux Casernes, Prisons, Hôpital, et distribution de fourrages.

Rive droite de la Seine : le Lieutenant-Adjudant de Place.............. SANSON.
Rive gauche : le Capitaine-Adjudant de Place....................... VIART.

Rien de nouveau.

Le *Général de Division*,

NOGUÈS.

Pour copie conforme :

L'Adjudant-Commandant, Sous-chef de l'État-major général du Gouvernement de Paris,

DOUCET.

GOUVERNEMENT DE PARIS.
ÉTAT-MAJOR DE LA GARNISON.

ORDRE du 14 Mai 1806.

SERVICE DE L'ÉTAT-MAJOR DE LA GARNISON DE PARIS.

Du 14 au 15 Mai.

Adjudant de Place de service à l'État-major......................... Coteau.
Adjudant de Place de ronde de nuit............................... Sanson.

Visite aux Casernes, Prisons, Hôpital, et distribution de fourrages.

Rive droite de la Seine : le Lieutenant-Adjudant de Place.............. Sanson.
Rive gauche : le Capitaine-Adjudant de Place...................... Viart.

Du 15 au 16 Mai.

Adjudant de Place de service à l'État-major......................... Cordiez.
Adjudant de Place de ronde de nuit............................... Viart.

Visite aux Casernes, Prisons, Hôpital, et distribution de fourrages.

Rive droite de la Seine : le Capitaine-Adjudant de Place.............. Viart,
Rive gauche : le Capitaine-Adjudant de Place..................... Coteau.

Rien de nouveau.

Le *Général de Division,*

NOGUÈS.

Pour copie conforme :

L'Adjudant-Commandant, Sous-chef de l'État-major général du Gouvernement de Paris,

DOUCET.

GOUVERNEMENT DE PARIS.
ÉTAT-MAJOR DE LA GARNISON.

ORDRE du 15 Mai 1806.

SERVICE DE L'ÉTAT-MAJOR DE LA GARNISON DE PARIS.

Du 15 au 16 Mai.

Adjudant de Place de service à l'État-major......................... CORDIEZ.
Adjudant de Place de ronde de nuit.............................. VIART.

Visite aux Casernes, Prisons et Hôpital.

Rive droite de la Seine : le Capitaine-Adjudant de Place............... VIART.
Rive gauche : le Capitaine-Adjudant de Place....................... COTEAU.

Du 16 au 17 Mai.

Adjudant de Place de service à l'État-major......................... VILLERS.
Adjudant de Place de ronde de nuit.............................. COTEAU.

Visite aux Casernes, Prisons et Hôpital.

Rive droite de la Seine : le Capitaine-Adjudant de Place............... COTEAU.
Rive gauche : le Capitaine-Adjudant de Place....................... CORDIEZ.

Rien de nouveau.

Le Général de Division,

NOGUÈS.

Pour copie conforme :

L'Adjudant-Commandant, Sous-chef de l'État-major général du Gouvernement de Paris,

DOUCET,

GOUVERNEMENT DE PARIS.

ÉTAT-MAJOR DE LA GARNISON.

ORDRE du 16 Mai 1806.

SERVICE DE L'ÉTAT-MAJOR DE LA GARNISON DE PARIS.

Du 16 au 17 Mai.

Adjudant de Place de service à l'État-major......................... VILLERS.
Adjudant de Place de ronde de nuit.............................. COTEAU.

Visite aux Casernes, Prisons, Hôpital et distribution de fourrages.

Rive droite de la Seine : le Capitaine-Adjudant de Place............... COTEAU.
Rive gauche : le Capitaine-Adjudant de Place...................... CORDIEZ.

Du 17 au 18 Mai.

Adjudant de Place de service à l'État-major......................... GRAILLARD.
Adjudant de Place de ronde de nuit.............................. CORDIEZ.

Visite aux Casernes, Prisons, Hôpital et distribution de fourrages.

Rive droite de la Seine : le Capitaine-Adjudant de Place............... CORDIEZ.
Rive gauche : le Capitaine-Adjudant de Place...................... VILLERS.

ORDRE GÉNÉRAL du 16 Mai.

Les troupes du gouvernement de Paris et la première Division militaire, sont prévenues que, par décision de Sa Majesté l'Empereur et Roi, le Général de Brigade *Darmagnac* est employé dans la Division, et spécialement pour commander les trois Régimens de la garde de Paris, sous les ordres de son Altesse Sérénissime le Prince *Joachim*, Gouverneur de la ville de Paris.

Le Général de Division,

NOGUÈS.

Pour copie conforme :

L'Adjudant-Commandant, Sous-chef de l'État-major général du Gouvernement de Paris;

DOUCET.

GOUVERNEMENT DE PARIS.
ÉTAT-MAJOR DE LA GARNISON.

ORDRE du 17 Mai 1806.

SERVICE DE L'ÉTAT-MAJOR DE LA GARNISON DE PARIS.

Du 17 au 18 Mai.

Adjudant de Place de service à l'État-major.......................... GRAILLARD.
Adjudant de Place de ronde de nuit............................... CORDIEZ.

Visite aux Casernes, Prisons et Hôpital.

Rive droite de la Seine : le Capitaine-Adjudant de Place............... CORDIEZ.
Rive gauche : le Capitaine-Adjudant de Place....................... VILLERS.

Du 18 au 19 Mai.

Adjudant de Place de service à l'État-major......................... SANSON.
Adjudant de Place de ronde de nuit............................... VILLERS.

Visite aux Casernes, Prisons et Hôpital.

Rive droite de la Seine : le Capitaine-Adjudant de Place............... VILLERS.
Rive gauche : le Capitaine-Adjudant de Place....................... GRAILLARD.

Rien de nouveau.

Le Général de Division,

NOGUÈS.

Pour copie conforme :

L'Adjudant-Commandant, Sous-chef de l'État-major général du Gouvernement de Paris,

DOUCET.

GOUVERNEMENT DE PARIS.
ÉTAT-MAJOR DE LA GARNISON.

ORDRE du 18 Mai 1806.

SERVICE DE L'ÉTAT-MAJOR DE LA GARNISON DE PARIS.

Du 18 au 19 Mai.

Adjudant de Place de service à l'État-major........................ SANSON.
Adjudant de Place de ronde de nuit.............................. VILLERS.

Visite aux Casernes, Prisons et Hôpital.

Rive droite de la Seine : le Capitaine-Adjudant de Place.............. VILLERS.
Rive gauche : le Capitaine-Adjudant de Place...................... GRAILLARD.

Du 19 au 20 Mai.

Adjudant de Place de service à l'État-major........................ VIART.
Adjudant de Place de ronde de nuit.............................. GRAILLARD.

Visite aux Casernes, Prisons et Hôpital.

Rive droite de la Seine : le Capitaine-Adjudant de Place.............. GRAILLARD.
Rive gauche : le Lieutenant-Adjudant de Place...................... SANSON.

ORDRE GÉNÉRAL du 18 Mai 1806.

Le Général de Brigade *Darmagnac*, nommé par Sa Majesté l'Empereur au commandement des trois Régimens de la Garde municipale, prendra connaissance, le plus promptement possible, de la situation de ces trois Corps, et m'en rendra compte. Les trois Régimens de la Garde municipale verront, dans la nomination du Général *Darmagnac*, une preuve de l'estime de Sa Majesté.

Signé LOUIS NAPOLÉON.

Pour copie conforme :

NOGUÈS, *Général de Division.*

Pour copie conforme :

L'Adjudant-Commandant, Sous-chef de l'État-major général du Gouvernement de Paris.

DOUCET.

GOUVERNEMENT DE PARIS.
ÉTAT-MAJOR DE LA GARNISON.

ORDRE du 19 Mai 1806.

SERVICE DE L'ÉTAT-MAJOR DE LA GARNISON DE PARIS.

Du 19 au 20 Mai.

Adjudant de Place de service à l'État-major....................... VIART.
Adjudant de Place de ronde de nuit........................... GRAILLARD.

Visite aux Casernes, Prisons et Hôpital.

Rive droite de la Seine : le Capitaine-Adjudant de Place............... GRAILLARD.
Rive gauche : le Lieutenant-Adjudant de Place....................... SANSON.

Du 20 au 21 Mai.

Adjudant de Place de service à l'État-major....................... COTEAU.
Adjudant de Place de ronde de nuit............................ SANSON.

Visite aux Casernes, Prisons et Hôpital.

Rive droite de la Seine : le Lieutenant-Adjudant de Place.............. SANSON.
Rive gauche : le Capitaine-Adjudant de Place...................... VIART.

ORDRE GÉNÉRAL du 19 Mai 1806.

2.ᵉ CONSEIL DE GUERRE PERMANENT.

Cejourd'hui treize mai mil huit cent six,

Nous, Jean-Baptiste-Joseph-Noël *Borrel,* Adjudant - Commandant, Officier de la Légion d'honneur Président ;

Vu l'art. 464 de la loi du 3 brumaire an 4, et notre ordonnance de perquisition en date du 3 du courant ;

Ordonnons que le nommé *Jean-Pierre Prieur,* Adjudant des équipages militaires, traduit au Conseil de guerre pour y être jugé par contumace, sur le délit de malversations qui lui est imputé, soit déclaré rebelle à la loi ; qu'en conséquence il soit déchu du titre et des droits de citoyen Français ; que ses biens soient et demeurent séquestrés au profit de l'État pendant tout le temps de sa contumace ; que toute action en justice lui soit interdite, et qu'il soit procédé contre lui malgré son absence.

MANDONS et ordonnons de mettre la présente à exécution, laquelle, conformément à l'article 465 de la même loi, sera publiée et affichée, tant au domicile du contumax qu'à la porte de l'auditoire du Conseil.

Ordonnons que copie d'icelle sera transmise à M. le Général Chef de l'État major général de la Division ;

Chargeons M. *Vantage,* Substitut-Rapporteur, de surveiller l'exécution de la présente dans tout son contenu.

Ainsi ordonné, à Paris, les jour, mois et an que dessus, sous notre seing et scellé. *Signé* J. B. BORREL.

Le Rapporteur du 2.ᵉ Conseil de guerre, VANTAGE.

Pour copie conforme :

Le Général de Division,

NOGUÈS.

Pour copie conforme :

L'Adjudant-Commandant, Sous-chef de l'État-major général du Gouvernement de Paris,

DOUCET.

GOUVERNEMENT DE PARIS.

ÉTAT-MAJOR DE LA GARNISON.

ORDRE du 20 Mai 1806.

SERVICE DE L'ÉTAT-MAJOR DE LA GARNISON DE PARIS.

Du 20 au 21 Mai.

Adjudant de Place de service à l'État-major......................... COTEAU.
Adjudant de Place de ronde de nuit............................... SANSON.

Visite aux Casernes, Prisons et Hôpital.

Rive droite de la Seine : le Lieutenant-Adjudant de Place.............. SANSON.
Rive gauche : le Capitaine-Adjudant de Place....................... VIART.

Du 21 au 22 Mai.

Adjudant de Place de service à l'État-major......................... CORDIEZ.
Adjudant de Place de ronde de nuit............................... VIART.

Visite aux Casernes, Prisons et Hôpital.

Rive droite de la Seine : le Capitaine-Adjudant de Place.............. VIART.
Rive gauche : le Capitaine-Adjudant de Place....................... COTEAU.

Rien de nouveau.

Le Général de Division,

NOGUÈS.

Pour copie conforme :

L'Adjudant-Commandant, Sous-chef de l'État-major général du Gouvernement de Paris,

DOUCET,

GOUVERNEMENT DE PARIS.
ÉTAT-MAJOR DE LA GARNISON.

ORDRE du 21 Mai 1806.

SERVICE DE L'ÉTAT-MAJOR DE LA GARNISON DE PARIS.

Du 21 au 22 Mai.

Adjudant de Place de service à l'État-major......................... CORDIEZ.
Adjudant de Place de ronde de nuit................................ VIART.

Visite aux Casernes, Prisons et Hôpital.

Rive droite de la Seine : le Capitaine-Adjudant de Place............... VIART.
Rive gauche : le Capitaine-Adjudant de Place....................... COTEAU.

Du 22 au 23 Mai.

Adjudant de Place de service à l'État-major......................... VILLERS.
Adjudant de Place de ronde de nuit................................ COTEAU.

Visite aux Casernes, Prisons et Hôpital.

Rive droite de la Seine : le Lieutenant-Adjudant de Place............... COTEAU.
Rive gauche : le Capitaine-Adjudant de Place....................... CORDIEZ.

Rien de nouveau.

Le Général de Division,

NOGUÈS.

Pour copie conforme :

L'Adjudant-Commandant, Sous-chef de l'État-major général du Gouvernement de Paris,

DOUCET.

GOUVERNEMENT DE PARIS.

ÉTAT-MAJOR DE LA GARNISON.

ORDRE du 23 Mai 1806.

Du 23 au 24 Mai.

Adjudant de Place de service à l'État-major......................... GRAILLARD.
Adjudant de Place de ronde de nuit............................... CORDIEZ.

Visite aux Casernes, Prisons et Hôpital.

Rive droite de la Seine : le Capitaine-Adjudant de Place.............. CORDIEZ.
Rive gauche : le Capitaine-Adjudant de Place........................ VILLERS.

Du 24 au 25 Mai.

Adjudant de Place de service à l'État-major......................... SANSON.
Adjudant de Place de ronde de nuit............................... VILLERS.

Visite aux Casernes, Prisons et Hôpital.

Rive droite de la Seine : le Capitaine-Adjudant de Place.............. VILLERS.
Rive gauche : le Capitaine-Adjudant de Place........................ GRAILLARD.

Rien de nouveau.

Le Général de Division,

NOGUÈS.

Pour copie conforme :

L'Adjudant-Commandant, Sous-chef de l'État-major général du Gouvernement de Paris,

DOUCET,

GOUVERNEMENT DE PARIS.
ÉTAT-MAJOR DE LA GARNISON.

ORDRE du 24 Mai 1806.

Du 24 au 25 Mai.

Adjudant de Place de service à l'État-major......................... SANSON.
Adjudant de Place de ronde de nuit................................ VILLERS.

Visite aux Casernes, Prisons et Hôpital.

Rive droite de la Seine : le Capitaine-Adjudant de Place................ VILLERS.
Rive gauche : le Capitaine-Adjudant de Place........................ GRAILLARD.

Du 25 au 26 Mai.

Adjudant de Place de service à l'État-major......................... VIART.
Adjudant de Place de ronde de nuit................................ GRAILLARD.

Visite aux Casernes, Prisons et Hôpital.

Rive droite de la Seine : le Capitaine-Adjudant de Place............... GRAILLARD.
Rive gauche : le Lieutenant-Adjudant de Place....................... SANSON.

Rien de nouveau.

Le Général de Division,

NOGUÈS.

Pour copie conforme :

L'Adjudant-Commandant, Sous-chef de l'État-major général du Gouvernement de Paris,

DOUCET.

GOUVERNEMENT DE PARIS.

ÉTAT-MAJOR DE LA GARNISON.

ORDRE du 25 Mai 1806.

SERVICE DE L'ÉTAT-MAJOR DE LA GARNISON DE PARIS.

Du 25 au 26 Mai.

Adjudant de Place de service à l'État-major...................... VIART.
Adjudant de Place de ronde de nuit............................. GRAILLARD.

Visite aux Casernes, Prisons et Hôpital.

Rive droite de la Seine : le Capitaine-Adjudant de Place............. GRAILLARD.
Rive gauche : le Lieutenant-Adjudant de Place...................... SANSON.

Du 26 au 27 Mai.

Adjudant de Place de service à l'État-major...................... COTEAU.
Adjudant de Place de ronde de nuit............................. SANSON.

Visite aux Casernes, Prisons et Hôpital.

Rive droite de la Seine : le Lieutenant-Adjudant de Place............. SANSON.
Rive gauche : le Capitaine-Adjudant de Place...................... VIART.

Rien de nouveau.

Le Général de Division,

NOGUÈS.

Pour copie conforme :

L.ᵉ Adjudant-Commandant, Sous-chef de l'État-major général du Gouvernement de Paris,

DOUCET.

GOUVERNEMENT DE PARIS.
ÉTAT-MAJOR DE LA GARNISON.

ORDRE du 26 Mai 1806.

Du 26 au 27 Mai.

Adjudant de Place de service à l'État-major......................... COTEAU.
Adjudant de Place de ronde de nuit.............................. SANSON.

Visite aux Casernes, Prisons et Hôpital.

Rive droite de la Seine : le Lieutenant-Adjudant de Place.............. SANSON.
Rive gauche : le Capitaine-Adjudant de Place....................... VIART.

Du 27 au 28 Mai.

Adjudant de Place de service à l'État-major......................... CORDIEZ.
Adjudant de Place de ronde de nuit.............................. VIART.

Visite aux Casernes, Prisons et Hôpital.

Rive droite de la Seine : le Capitaine-Adjudant de Place.............. VIART.
Rive gauche : le Capitainet-Adjudant de Place...................... COTEAU.

Rien de nouveau.

Le *Général de Division,*

NOGUÈS.

Pour copie conforme :

L'Adjudant-Commandant, Sous-chef de l'État-major général du Gouvernement de Paris,

DOUCET.

GOUVERNEMENT DE PARIS.
ÉTAT-MAJOR DE LA GARNISON.

ORDRE du 27 Mai 1806.

SERVICE DE L'ÉTAT-MAJOR DE LA GARNISON DE PARIS.

Du 27 au 28 Mai.

Adjudant de Place de service à l'État-major...................... CORDIEZ.
Adjudant de Place de ronde de nuit............................. VIART.

Visite aux Casernes, Prisons et Hôpital.

Rive droite de la Seine : le Capitaine-Adjudant de Place............. VIART.
Rive gauche : le Capitaine-Adjudant de Place...................... COTEAU.

Du 28 au 29 Mai.

Adjudant de Place de service à l'État-major...................... VILLERS.
Adjudant de Place de ronde de nuit............................. COTEAU.

Visite aux Casernes, Prisons et Hôpital.

Rive droite de la Seine : le Capitaine-Adjudant de Place............. COTEAU.
Rive gauche : le Capitaine-Adjudant de Place...................... CORDIEZ.

Rien de nouveau.

Le Général de Division,

NOGUÈS.

Pour copie conforme :

L'Adjudant-Commandant, Sous-chef de l'État-major général du Gouvernement de Paris,

DOUCET.

GOUVERNEMENT DE PARIS.
ÉTAT-MAJOR DE LA GARNISON.

ORDRE du 28 Mai 1806.

SERVICE DE L'ÉTAT-MAJOR DE LA GARNISON DE PARIS.

Du 28 au 29 Mai.

Adjudant de Place de service à l'État-major........................ VILLERS.
Adjudant de Place de ronde de nuit............................... COTEAU.

Visite aux Casernes, Prisons et Hôpital.

Rive droite de la Seine : le Capitaine-Adjudant de Place.............. COTEAU.
Rive gauche : le Capitaine-Adjudant de Place...................... CORDIEZ.

Du 29 au 30 Mai.

Adjudant de Place de service à l'État-major........................ GRAILLARD.
Adjudant de Place de ronde de nuit............................... CORDIEZ.

Visite aux Casernes, Prisons et Hôpital.

Rive droite de la Seine : le Capitaine-Adjudant de Place.............. CORDIEZ.
Rive gauche : le Capitaine-Adjudant de Place...................... VILLERS.

Rien de nouveau.

Le Général de Division,

NOGUÈS.

Pour copie conforme :

L'Adjudant-Commandant, Sous-chef de l'État-major général du Gouvernement de Paris,

DOUCET.

GOUVERNEMENT DE PARIS.
ÉTAT-MAJOR DE LA GARNISON.

ORDRE du 29 Mai 1806.

SERVICE DE L'ÉTAT-MAJOR DE LA GARNISON DE PARIS.

Du 29 au 30 Mai.

Adjudant de Place de service à l'État-major...................... GRAILLARD.
Adjudant de Place de ronde de nuit............................ CORDIEZ.

Visite aux Casernes, Prisons et Hôpital.

Rive droite de la Seine : le Capitaine-Adjudant de Place.............. CORDIEZ.
Rive gauche : le Capitaine-Adjudant de Place...................... GRAILLARD.

Du 30 au 31 Mai.

Adjudant de Place de service à l'État-major...................... SANSON.
Adjudant de Place de ronde de nuit............................ VILLERS.

Visite aux Casernes, Prisons et Hôpital.

Rive droite de la Seine : le Capitaine-Adjudant de Place.............. VILLERS.
Rive gauche : le Capitaine-Adjudant de Place...................... GRAILLARD.

Rien de nouveau.

Le Général de Division,

NOGUÈS.

Pour copie conforme :

L'Adjudant-Commandant, Sous-chef de l'État-major général du Gouvernement de Paris,

DOUCET.

GOUVERNEMENT DE PARIS.
ÉTAT-MAJOR DE LA GARNISON.

ORDRE du 30 Mai 1806.

Du 30 au 31 Mai.

Adjudant de Place de service à l'État-major........................ SANSON.
Adjudant de Place de ronde de nuit............................... VILLERS.

Visite aux Casernes, Prisons et Hôpital.

Rive droite de la Seine : le Capitaine-Adjudant de Place.............. VILLERS.
Rive gauche : le Capitaine-Adjudant de Place....................... GRAILLARD.

Du 31 Mai au 1.ᵉʳ Juin.

Adjudant de Place de service à l'État-major........................ VIART.
Adjudant de Place de ronde de nuit............................... GRAILLARD.

Visite aux Casernes, Prisons et Hôpital.

Rive droite de la Seine : le Capitaine-Adjudant de Place.............. GRAILLARD.
Rive gauche : le Lieutenant-Adjudant de Place...................... SANSON.

Rien de nouveau.

Le Général de Division,

NOGUÈS.

Pour copie conforme :

L'Adjudant-Commandant, Sous-chef de l'État-major général du Gouvernement de Paris,

DOUCET,

GOUVERNEMENT DE PARIS.
ÉTAT-MAJOR DE LA GARNISON.

ORDRE du 31 Mai 1806.

Du 31 Mai au 1.er Juin.

Adjudant de Place de service à l'État-major........................ VIART.
Adjudant de Place de ronde de nuit............................... GRAILLARD.

Visite aux Casernes, Prisons et Hôpital.

Rive droite de la Seine : le Capitaine-Adjudant de Place.............. GRAILLARD.
Rive gauche : le Lieutenant-Adjudant de Place...................... SANSON.

Du 1.er au 2 Juin.

Adjudant de Place de service à l'État-major........................ COTEAU.
Adjudant de Place de ronde de nuit............................... SANSON.

Visite aux Casernes, Prisons et Hôpital.

Rive droite de la Seine : le Lieutenant-Adjudant de Place............. SANSON.
Rive gauche : le Capitaine-Adjudant de Place...................... VIART.

Rien de nouveau.

Le Général de Division,

NOGUÈS.

Pour copie conforme :

L'Adjudant-Commandant, Sous-chef de l'État-major général du Gouvernement de Paris,

DOUCET,

GOUVERNEMENT DE PARIS.

ÉTAT-MAJOR DE LA GARNISON.

ORDRE du 1.ᵉʳ Juin 1806.

SERVICE DE L'ÉTAT-MAJOR DE LA GARNISON DE PARIS.

Du 1.ᵉʳ au 2 Juin.

Adjudant de Place de service à l'État - major......................... COTEAU.
Adjudant de Place de ronde de nuit............................... SANSON.

Visite aux Casernes, Prisons et Hôpital.

Rive droite de la Seine : le Lieutenant - Adjudant de Place............. SANSON.
Rive gauche : le Capitaine-Adjudant de Place........................ VIART.

Du 2 au 3 Juin.

Adjudant de Place de service à l'État - major......................... CORDIEZ.
Adjudant de Place de ronde de nuit............................... VIART.

Visite aux Casernes, Prisons et Hôpital.

Rive droite de la Seine : le Capitaine-Adjudant de Place.............. VIART.
Rive gauche : le Capitaine-Adjudant de Place....................... COTEAU.

Rien de nouveau.

Le Général de Division,

NOGUÈS.

Pour copie conforme :

L'Adjudant-Commandant, Sous-chef de l'État-major général du Gouvernement de Paris,

DOUCET.

GOUVERNEMENT DE PARIS.
ÉTAT-MAJOR DE LA GARNISON.

ORDRE du 2 Juin 1806.

Du 2 au 3 Juin.

Adjudant de Place de service à l'État-major......................... CORDIEZ.
Adjudant de Place de ronde de nuit............................... VIART.

Visite aux Casernes, Prisons et Hôpital.

Rive droite de la Seine : le Capitaine-Adjudant de Place.............. VIART.
Rive gauche : le Capitaine-Adjudant de Place........................ COTEAU.

Du 3 au 4 Juin.

Adjudant de Place de service à l'État-major......................... VILLERS.
Adjudant de Place de ronde de nuit............................... COTEAU.

Visite aux Casernes, Prisons et Hôpital.

Rive droite de la Seine : le Capitaine-Adjudant de Place.............. COTEAU.
Rive gauche : le Capitaine-Adjudant de Place........................ CORDIEZ.

Rien de nouveau.

Le Général de Division,

NOGUÈS.

Pour copie conforme :

L'Adjudant-Commandant, Sous-chef de l'État-major général du Gouvernement de Paris,

DOUCET.

GOUVERNEMENT DE PARIS.
ÉTAT-MAJOR DE LA GARNISON.

ORDRE du 3 Juin 1806.

SERVICE DE L'ÉTAT-MAJOR DE LA GARNISON DE PARIS.

Du 3 au 4 Juin.

Adjudant de Place de service à l'État-major........................ VILLERS.
Adjudant de Place de ronde de nuit............................. COTEAU.

Visite aux Casernes, Prisons et Hôpital.

Rive droite de la Seine : le Capitaine-Adjudant de Place.............. COTEAU.
Rive gauche : le Capitaine-Adjudant de Place....................... CORDIEZ.

Du 4 au 5 Juin.

Adjudant de Place de service à l'État-major........................ GRAILLARD.
Adjudant de Place de ronde de nuit............................. CORDIEZ.

Visite aux Casernes, Prisons et Hôpital.

Rive droite de la Seine : le Capitaine-Adjudant de Place.............. CORDIEZ.
Rive gauche : le Capitaine-Adjudant de Place....................... VILLERS.

Rien de nouveau.

Le Général de Division,

NOGUÈS.

Pour copie conforme :

L'Adjudant-Commandant, Sous-chef de l'État-major général du Gouvernement de Paris,

DOUCET,

GOUVERNEMENT DE PARIS.
ÉTAT-MAJOR DE LA GARNISON.

ORDRE du 4 Juin 1806.

Du 4 au 5 Juin.

Adjudant de Place de service à l'État-major........................ GRAILLARD.
Adjudant de Place de ronde de nuit............................. CORDIEZ.

Visite aux Casernes, Prisons et Hôpital.

Rive droite de la Seine : le Capitaine-Adjudant de Place.............. CORDIEZ.
Rive gauche : le Capitaine-Adjudant de Place....................... VILLERS.

Du 6 au 7 Juin.

Adjudant de Place de service à l'État-major........................ SANSON.
Adjudant de Place de ronde de nuit............................... VILLERS.

Visite aux Casernes, Prisons et Hôpital.

Rive droite de la Seine : le Capitaine-Adjudant de Place.............. VILLERS.
Rive gauche : le Capitaine-Adjudant de Place....................... GRAILLARD.

Rien de nouveau.

Le Général de Division,

NOGUÈS.

Pour copie conforme :

L'Adjudant-Commandant, Sous-chef de l'État-major général du Gouvernement de Paris,

DOUCET,

GOUVERNEMENT DE PARIS.

ÉTAT-MAJOR DE LA GARNISON.

ORDRE du 5 Juin 1806.

SERVICE DE L'ÉTAT-MAJOR DE LA GARNISON DE PARIS.

Du 5 au 6 Juin.

Adjudant de Place de service à l'État-major........................ SANSON.
Adjudant de Place de ronde de nuit............................... VILLERS.

Visite aux Casernes, Prisons et Hôpital.

Rive droite de la Seine : le Capitaine-Adjudant de Place............... VILLERS.
Rive gauche : le Capitaine-Adjudant de Place........................ GRAILLARD.

Du 6 au 7 Juin.

Adjudant de Place de service à l'État-major........................ VIART.
Adjudant de Place de ronde de nuit............................... GRAILLARD.

Visite aux Casernes, Prisons et Hôpital.

Rive droite de la Seine : le Capitaine-Adjudant de Place............... GRAILLARD.
Rive gauche : le Lieutenant-Adjudant de Place....................... SANSON.

Rien de nouveau.

Le Général de Division,

NOGUÈS.

Pour copie conforme :

L'Adjudant-Commandant, Sous-chef de l'État-major général du Gouvernement de Paris,

DOUCET.

GOUVERNEMENT DE PARIS.
ÉTAT-MAJOR DE LA GARNISON.

ORDRE du 6 Juin 1806.

SERVICE DE L'ÉTAT-MAJOR DE LA GARNISON DE PARIS.

Du 6 au 7 Juin.

Adjudant de Place de service à l'État-major...................... VIART.
Adjudant de Place de ronde de nuit............................. GRAILLARD.

Visite aux Casernes, Prisons et Hôpital.

Rive droite de la Seine : le Capitaine-Adjudant de Place.............. GRAILLARD.
Rive gauche : le Lieutenant-Adjudant de Place....................... SANSON.

Du 7 au 8 Juin.

Adjudant de Place de service à l'État-major...................... COTEAU.
Adjudant de Place de ronde de nuit............................. SANSON.

Visite aux Casernes, Prisons et Hôpital.

Rive droite de la Seine : le Lieutenant-Adjudant de Place.............. SANSON.
Rive gauche : le Capitaine-Adjudant de Place....................... VIART.

Rien de nouveau.

Le Général de Division,

NOGUÈS.

Pour copie conforme :

L'Adjudant-Commandant, Sous-chef de l'État-major général du Gouvernement de Paris,

DOUCET.

GOUVERNEMENT DE PARIS.
ÉTAT-MAJOR DE LA GARNISON.

ORDRE du 7 Juin 1806.

SERVICE DE L'ÉTAT-MAJOR DE LA GARNISON DE PARIS.

Du 7 au 8 Juin.

Adjudant de Place de service à l'État-major......................... COTEAU.
Adjudant de Place de ronde de nuit............................... SANSON.

Visite aux Casernes, Prisons et Hôpital.

Rive droite de la Seine : le Lieutenant-Adjudant de Place.............. SANSON.
Rive gauche : le Capitaine-Adjudant de Place........................ VIART.

Du 8 au 9 Juin.

Adjudant de Place de service à l'État-major......................... CORDIEZ.
Adjudant de Place de ronde de nuit............................... VIART.

Visite aux Casernes, Prisons et Hôpital.

Rive droite de la Seine : le Capitaine-Adjudant de Place.............. VIART.
Rive gauche : le Capitaine-Adjudant de Place........................ COTEAU.

Rien de nouveau.

Le *Général de Division*,

NOGUÈS.

Pour copie conforme :

L'Adjudant-Commandant, Sous-chef de l'État-major général du Gouvernement de Paris,

DOUCET.

GOUVERNEMENT DE PARIS.
ÉTAT-MAJOR DE LA GARNISON.

ORDRE du 8 Juin 1806.

Du 8 au 9 Juin.

Adjudant de Place de service à l'État-major...................... CORDIEZ.
Adjudant de Place de ronde de nuit............................. VIART.

Visite aux Casernes, Prisons et Hôpital.

Rive droite de la Seine : le Capitaine-Adjudant de Place.............. VIART.
Rive gauche : le Capitaine-Adjudant de Place...................... COTEAU.

Du 9 au 10 Juin.

Adjudant de Place de service à l'État-major...................... VILLERS.
Adjudant de Place de ronde de nuit............................. COTEAU.

Visite aux Casernes, Prisons et Hôpital.

Rive droite de la Seine : le Capitaine-Adjudant de Place.............. COTEAU.
Rive gauche : le Capitaine-Adjudant de Place...................... CORDIEZ.

Rien de nouveau.

Le Général de Division,

NOGUÈS.

Pour copie conforme :

L'Adjudant-Commandant, Sous-chef de l'État-major général du Gouvernement de Paris.

DOUCET.

GOUVERNEMENT DE PARIS.
ÉTAT-MAJOR DE LA GARNISON.

ORDRE du 9 Juin 1806.

Du 9 au 10 Juin.

Adjudant de Place de service à l'État-major........................... Villers.
Adjudant de Place de ronde de nuit............................... Coteau.

Visite aux Casernes, Prisons et Hôpital.

Rive droite de la Seine : le Capitaine-Adjudant de Place.............. Coteau.
Rive gauche : le Capitaine-Adjudant de Place....................... Cordiez.

Du 10 au 11 Juin.

Adjudant de Place de service à l'État-major........................ Graillard.
Adjudant de Place de ronde de nuit............................... Cordiez.

Visite aux Casernes, Prisons et Hôpital.

Rive droite de la Seine : le Capitaine-Adjudant de Place.............. Cordiez.
Rive gauche : le Capitaine-Adjudant de Place....................... Villers.

Rien de nouveau.

Le *Général de Division,*

NOGUÈS.

Pour copie conforme :

L'Adjudant-Commandant, Sous-chef de l'État-major général du Gouvernement de Paris,

DOUCET.

GOUVERNEMENT DE PARIS.
ÉTAT-MAJOR DE LA GARNISON.

ORDRE du 10 Juin 1806.

SERVICE DE L'ÉTAT-MAJOR DE LA GARNISON DE PARIS.

Du 10 au 11 Juin.

Adjudant de Place de service à l'État-major......................... GRAILLARD.
Adjudant de Place de ronde de nuit............................... CORDIEZ.

Visite aux Casernes, Prisons et Hôpital.

Rive droite de la Seine : le Capitaine-Adjudant de Place.............. CORDIEZ.
Rive gauche : le Capitaine-Adjudant de Place....................... VILLERS.

Du 11 au 12 Juin.

Adjudant de Place de service à l'État-major......................... SANSON.
Adjudant de Place de ronde de nuit............................... VILLERS.

Visite aux Casernes, Prisons et Hôpital.

Rive droite de la Seine : le Capitaine-Adjudant de Place.............. VILLERS.
Rive gauche : le Capitaine-Adjudant de Place....................... GRAILLARD.

Rien de nouveau.

Le Général de Division,

NOGUÈS.

Pour copie conforme :

L'Adjudant-Commandant, Sous-chef de l'État-major général du Gouvernement de Paris,

DOUCET.

GOUVERNEMENT DE PARIS.

ÉTAT-MAJOR DE LA GARNISON.

ORDRE du 11 Juin 1806.

SERVICE DE L'ÉTAT-MAJOR DE LA GARNISON DE PARIS.

Du 11 au 12 Juin.

Adjudant de Place de service à l'État-major...................... SANSON.
Adjudant de Place de ronde de nuit............................. VILLERS.

Visite aux Casernes, Prisons et Hôpital.

Rive droite de la Seine : le Capitaine-Adjudant de Place.............. VILLERS.
Rive gauche : le Capitaine-Adjudant de Place...................... GRAILLARD.

Du 12 au 13 Juin.

Adjudant de Place de service à l'État-major....................... VIART.
Adjudant de Place de ronde de nuit.............................. GRAILLARD.

Visite aux Casernes, Prisons et Hôpital.

Rive droite de la Seine : le Capitaine-Adjudant de Place.............. GRAILLARD.
Rive gauche : le Lieutenant-Adjudant de Place...................... SANSON.

ORDRE GÉNÉRAL du 10 Juin.

MM. les Généraux, Officiers supérieurs, Commandans d'armes, &c., ainsi que les Troupes employées dans le Gouvernement de Paris et de la 1.ʳᵉ Division militaire, sont prévenus que S. A. S. le Prince *Joachim*, Duc de Clèves et de Berg, reprend, à commencer de ce jour, le Gouvernement de Paris et le commandement de la 1.ʳᵉ Division militaire.

Corvées.

Le 2.ᵉ Régiment d'infanterie légère fournira, à dater de ce jour, et jusqu'à nouvel ordre, tous les hommes de corvée nécessaires aux dépôt central de l'Artillerie, sur la réquisition particulière du Directeur dudit dépôt.

L'Adjudant-Commandant, Sous-chef de l'État-major général du Gouvernement de Paris,

DOUCET.

GOUVERNEMENT DE PARIS.
ÉTAT-MAJOR DE LA GARNISON.

ORDRE du 12 Juin 1806.

SERVICE DE L'ÉTAT-MAJOR DE LA GARNISON DE PARIS.

Du 12 au 13 Juin.

Adjudant de Place de service à l'État-major........................ VIART.
Adjudant de Place de ronde de nuit............................. GRAILLARD.

Visite aux Casernes, Prisons et Hôpital.

Rive droite de la Seine : le Capitaine-Adjudant de Place.............. GRAILLARD.
Rive gauche : le Lieutenant-Adjudant de Place...................... SANSON.

Du 13 au 14 Juin.

Adjudant de Place de service à l'État-major........................ COTEAU.
Adjudant de Place de ronde de nuit............................. SANSON.

Visite aux Casernes, Prisons et Hôpital.

Rive droite de la Seine : le Lieutenant-Adjudant de Place............... SANSON.
Rive gauche : le Capitaine-Adjudant de Place...................... VIART.

Rien de nouveau.

L'Adjudant-Commandant, Sous-chef de l'État-major général du Gouvernement de Paris,

DOUCET,

GOUVERNEMENT DE PARIS.
ÉTAT-MAJOR DE LA GARNISON.

ORDRE du 13 Juin 1806.

SERVICE DE L'ÉTAT-MAJOR DE LA GARNISON DE PARIS.

Du 13 au 14 Juin.

Adjudant de Place de service à l'État-major...................... COTEAU.
Adjudant de Place de ronde de nuit............................. SANSON.

Visite aux Casernes, Prisons et Hôpital.

Rive droite de la Seine : le Lieutenant-Adjudant de Place.............. SANSON.
Rive gauche : le Capitaine-Adjudant de Place...................... VIART.

Du 14 au 15 Juin.

Adjudant de Place de service à l'État-major...................... CORDIEZ.
Adjudant de Place de ronde de nuit............................. VIART.

Visite aux Casernes, Prisons et Hôpital.

Rive droite de la Seine : le Capitaine-Adjudant de Place.............. VIART.
Rive gauche : le Capitaine-Adjudant de Place...................... COTEAU.

Rien de nouveau.

L'Adjudant Commandant, Sous-chef de l'État-major général du Gouvernement de Paris.
DOUCET,

GOUVERNEMENT DE PARIS.
ÉTAT-MAJOR DE LA GARNISON.

ORDRE du 14 Juin 1806.

SERVICE DE L'ÉTAT-MAJOR DE LA GARNISON DE PARIS.

Du 14 au 15 Juin.

Adjudant de Place de service à l'État-major......................... CORDIEZ.
Adjudant de Place de ronde de nuit................................ VIART.

Visite aux Casernes, Prisons et Hôpital.

Rive droite de la Seine : le Capitaine-Adjudant de Place............... VIART.
Rive gauche : le Capitaine-Adjudant de Place........................ COTEAU.

Du 15 au 16 Juin.

Adjudant de Place de service à l'État-major......................... VILLERS.
Adjudant de Place de ronde de nuit................................ COTEAU.

Visite aux Casernes, Prisons et Hôpital.

Rive droite de la Seine : le Capitaine-Adjudant de Place............... COTEAU.
Rive gauche : le Capitaine-Adjudant de Place........................ CORDIEZ.

Rien de nouveau.

L'Adjudant-Commandant, Sous-chef de l'État-major général du Gouvernement de Paris,
DOUCET.

GOUVERNEMENT DE PARIS.
ÉTAT-MAJOR DE LA GARNISON.

ORDRE du 15 Juin 1806.

SERVICE DE L'ÉTAT-MAJOR DE LA GARNISON DE PARIS.

Du 15 au 16 Juin.

Adjudant de Place de service à l'État-major......................... VILLERS.
Adjudant de Place de ronde de nuit................................ COTEAU.

Visite aux Casernes, Prisons et Hôpital.

Rive droite de la Seine : le Capitaine-Adjudant de Place............... COTEAU.
Rive gauche : le Capitaine-Adjudant de Place...................... CORDIEZ.

Du 16 au 17 Juin.

Adjudant de Place de service à l'État-major......................... GRAILLARD.
Adjudant de Place de ronde de nuit................................ CORDIEZ.

Visite aux Casernes, Prisons et Hôpital.

Rive droite de la Seine : le Capitaine-Adjudant de Place............... CORDIEZ.
Rive gauche : le Capitaine-Adjudant de Place...................... VILLERS.

ORDRE GÉNÉRAL.

Conformément aux ordres de son Altesse Sérénissime Monseigneur le Prince *Joachim*, Grand-Amiral de France, Duc de Clèves et de Berg, Gouverneur de Paris, et commandant en chef la 1.re Division militaire, les Troupes de la garnison de Paris et celles employées dans ladite Division sont prévenues qu'à compter de demain lundi 16 Juin, la distribution du vinaigre leur sera faite journellement pendant tout le temps que les chaleurs de la saison rendront nécessaire ce correctif de l'insalubrité des eaux.

Les Militaires détenus dans les maisons d'arrêts de Montaigu, de l'Abbaye, et des autres places de la Division, participeront à cette distribution.

EXTRAIT des Jugemens rendus par le 2.e Conseil de guerre permanent de la 1.re Division militaire, pendant le mois de Mai 1806.

NUMÉROS des Jugemens.	DATES.	NOMS ET PRÉNOMS des INDIVIDUS JUGÉS.	LEUR GRADE ou PROFESSION.	LIEUX de NAISSANCE.	ANALYSE DES JUGEMENS.	
864.	13.	Saint-Lannes *(Jean)*.....	Chasseur au 2.e régiment d'infanterie légère.	Montesquieu, départem.t de Lot-et-Garonne.	Convaincu de vol d'argent à un de ses camarades.	Condamné à six années de fers et à la dégradation militaire.
865.	idem.	Lambottin *(Jean-Félix)*..	Déserteur du 2.e régiment de dragons.	Wiseppe, département de la Meuse.	Accusé de faux en écritures publiques et authentiques.	Renvoyé devant la cour de justice criminelle spéciale du département de la Seine.
866.	26.	Choppart *(Gilbert)*.....	Grenadier au 1.er régiment de la Garde de Paris.	Paris.	Convaincu de vol d'effets appartenant à un de ses camarades.	Condamné à six années de fers et à la dégradation militaire.
867.	idem.	Cheval *(André-Victor)*...	Dragon au 15.e régiment.	Versailles, département de Seine-et-Oise.	Convaincu de voies de fait envers un vétéran.	Condamné à un mois de prison.
		Caqueray *Isidor)*........	Idem.	Boyon, département de la Seine-Inférieure.	Idem.	Idem.

TOTAL des jugemens rendus par le 1.er Conseil de guerre permanent pendant le mois de Mai 1806, ci... 4.

TOTAL des individus jugés pendant le même mois par ce Conseil, ci......... { Présens.. 5. } { Contumax 0. } 5.

Pour extrait conforme aux expéditions desdits jugemens.

L'Adjudant-commandant, Sous-chef de l'État-major du Gouvernement de Paris,

DOUCET.

GOUVERNEMENT DE PARIS.

ÉTAT-MAJOR DE LA GARNISON.

ORDRE du 16 Juin 1806.

SERVICE DE L'ÉTAT-MAJOR DE LA GARNISON DE PARIS.

Du 16 au 17 Juin.

Adjudant de Place de service à l'État-major....................... GRAILLARD.
Adjudant de Place de ronde de nuit.............................. CORDIEZ.

Visite aux Casernes, Prisons, Hôpital et distribution de fourrages.

Rive droite de la Seine : le Capitaine-Adjudant de Place............... CORDIEZ.
Rive gauche : le Capitaine-Adjudant de Place....................... VILLERS.

Du 17 au 18 Juin.

Adjudant de Place de service à l'État-major....................... SANSON.
Adjudant de Place de ronde de nuit.............................. VILLERS.

Visite aux Casernes, Prisons, Hôpital et distribution de fourrages.

Rive droite de la Seine : le Capitaine-Adjudant de Place.............. VILLERS.
Rive gauche : le Capitaine-Adjudant de Place....................... GRAILLARD.

Rien de nouveau.

L'Adjudant-commandant, Sous-chef de l'État-major général du Gouvernement de Paris,
DOUCET.

GOUVERNEMENT DE PARIS.

ÉTAT-MAJOR DE LA GARNISON.

ORDRE du 17 Juin 1806.

SERVICE DE L'ÉTAT-MAJOR DE LA GARNISON DE PARIS.

Du 17 au 18 Juin.

Adjudant de Place de service à l'État-major......................... SANSON.
Adjudant de Place de ronde de nuit................................ VILLERS.

Visite aux Casernes, Prisons, Hôpital et distribution de fourrages.

Rive droite de la Seine : le Capitaine-Adjudant de Place.............. VILLERS.
Rive gauche : le Capitaine-Adjudant de Place........................ GRAILLARD.

Du 18 au 19 Juin.

Adjudant de Place de service à l'État-major......................... VIART.
Adjudant de Place de ronde de nuit................................ GRAILLARD.

Visite aux Casernes, Prisons, Hôpital et distribution de fourrages.

Rive droite de la Seine : le Capitaine-Adjudant de Place.............. GRAILLARD.
Rive gauche : le Lieutenant-Adjudant de Place....................... SANSON.

Rien de nouveau.

L'Adjudant-commandant, Sous-chef de l'État-major général du Gouvernement de Paris,
DOUCET.

GOUVERNEMENT DE PARIS.
ÉTAT-MAJOR DE LA GARNISON.

ORDRE du 18 Juin 1806.

SERVICE DE L'ÉTAT-MAJOR DE LA GARNISON DE PARIS.

Du 18 au 19 Juin.

Adjudant de Place de service à l'État-major...................... VIART.
Adjudant de Place de ronde de nuit........................... GRAILLARD.

Visite aux Casernes, Prisons, Hôpital et distribution de fourrages.

Rive droite de la Seine : le Capitaine-Adjudant de Place............... GRAILLARD.
Rive gauche : le Lieutenant-Adjudant de Place...................... SANSON.

Du 19 au 20 Juin.

Adjudant de Place de service à l'État-major...................... COTEAU.
Adjudant de Place de ronde de nuit........................... SANSON.

Visite aux Casernes, Prisons, Hôpital et distribution de fourrages.

Rive droite de la Seine : le Lieutenant-Adjudant de Place.............. SANSON.
Rive gauche : le Capitaine-Adjudant de Place...................... VIART.

Rien de nouveau.

L'Adjudant-commandant, Sous-chef de l'État-major général du Gouvernement de Paris,
DOUCET.

GOUVERNEMENT DE PARIS.

ÉTAT-MAJOR DE LA GARNISON.

ORDRE du 19 Juin 1806.

SERVICE DE L'ÉTAT-MAJOR DE LA GARNISON DE PARIS.

Du 19 au 20 Juin.

Adjudant de Place de service à l'État-major......................... COTEAU.
Adjudant de Place de ronde de nuit................................. SANSON.

Visite aux Casernes, Prisons et Hôpital.

Rive droite de la Seine : le Lieutenant-Adjudant de Place............ SANSON.
Rive gauche : le Capitaine-Adjudant de Place...................... VIART.

Du 20 au 21 Juin.

Adjudant de Place de service à l'État-major......................... CORDIEZ.
Adjudant de Place de ronde de nuit................................. VIART.

Visite aux Casernes, Prisons et Hôpital.

Rive droite de la Seine : le Capitaine-Adjudant de Place............. VIART.
Rive gauche : le Capitaine-Adjudant de Place...................... COTEAU.

Rien de nouveau.

L'Adjudant-commandant, Sous-chef de l'État-major général du Gouvernement de Paris,

DOUCET.

GOUVERNEMENT DE PARIS.

ÉTAT-MAJOR DE LA GARNISON.

ORDRE du 20 Juin 1806.

SERVICE DE L'ÉTAT-MAJOR DE LA GARNISON DE PARIS.

Du 20 au 21 Juin.

Adjudant de Place de service à l'État-major........................ CORDIEZ.
Adjudant de Place de ronde de nuit............................... VIART.

Visite aux Casernes, Prisons et Hôpital.

Rive droite de la Seine : le Capitaine-Adjudant de Place................ VIART.
Rive gauche : le Capitaine-Adjudant de Place......................... COTEAU.

Du 21 au 22 Juin.

Adjudant de Place de service à l'État-major........................ VILLERS.
Adjudant de Place de ronde de nuit............................... COTEAU.

Visite aux Casernes, Prisons et Hôpital.

Rive droite de la Seine : le Capitaine-Adjudant de Place............... COTEAU.
Rive gauche : le Capitaine-Adjudant de Place........................ CORDIEZ.

ORDRE GÉNÉRAL.

Son Altesse impériale Monseigneur le Prince JOACHIM, Grand-Amiral de France, Duc de Clèves et de Berg, Gouverneur de Paris, commandant en chef la première Division militaire, ordonne que la moitié des indemnités des gardes de spectacles, bals, fêtes champêtres, et autres services salariés, soit remise chaque fois, en espèces, aux militaires de tous les corps de la garnison qui auront été employés à cet effet, et que l'autre moitié soit mise en masse pour leur en être tenu compte.

Signé le Prince JOACHIM.

Pour copie conforme :

L'Adjudant-commandant, Sous-chef de l'État-major général du Gouvernement de Paris,

DOUCET.

GOUVERNEMENT DE PARIS.

ÉTAT-MAJOR DE LA GARNISON.

ORDRE du 21 Juin 1806.

SERVICE DE L'ÉTAT-MAJOR DE LA GARNISON DE PARIS.

Du 21 au 22 Juin.

Adjudant de Place de service à l'État-major...................... VILLERS.
Adjudant de Place de ronde de nuit.............................. COTEAU.

Visite aux Casernes, Prisons et Hôpital.

Rive droite de la Seine : le Capitaine-Adjudant de Place............... COTEAU.
Rive gauche : le Capitaine-Adjudant de Place...................... CORDIEZ.

Du 22 au 23 Juin.

Adjudant de Place de service à l'État-major...................... GRAILLARD.
Adjudant de Place de ronde de nuit.............................. CORDIEZ.

Visite aux Casernes, Prisons et Hôpital.

Rive droite de la Seine : le Capitaine-Adjudant de Place............... CORDIEZ.
Rive gauche : le Capitaine-Adjudant de Place...................... VILLERS.

Rien de nouveau.

L'Adjudant-commandant, Sous-chef de l'État-major général du Gouvernement de Paris,
DOUCET.

GOUVERNEMENT DE PARIS.

ÉTAT-MAJOR DE LA GARNISON.

ORDRE du 22 Juin 1806.

SERVICE DE L'ÉTAT-MAJOR DE LA GARNISON DE PARIS.

Du 22 au 23 Juin.

Adjudant de Place de service à l'État-major......................... GRAILLARD.
Adjudant de Place de ronde de nuit............................. CORDIEZ.

Visite aux Casernes, Prisons et Hôpital.

Rive droite de la Seine : le Capitaine-Adjudant de Place................ CORDIEZ.
Rive gauche : le Capitaine-Adjudant de Place........................ VILLERS.

Du 23 au 24 Juin.

Adjudant de Place de service à l'État-major......................... SANSON.
Adjudant de Place de ronde de nuit.............................. VILLERS.

Visite aux Casernes, Prisons et Hôpital.

Rive droite de la Seine : le Capitaine-Adjudant de Place............... VILLERS.
Rive gauche : le Capitaine-Adjudant de Place........................ GRAILLARD.

Rien de nouveau.

L'Adjudant-commandant, Sous-chef de l'État-major général du Gouvernement de Paris,
DOUCET.

GOUVERNEMENT DE PARIS.

ÉTAT-MAJOR DE LA GARNISON.

ORDRE du 23 Juin 1806.

SERVICE DE L'ÉTAT-MAJOR DE LA GARNISON DE PARIS.

Du 23 au 24 Juin.

Adjudant de Place de service à l'État-major......................... SANSON.
Adjudant de Place de ronde de nuit................................ VILLERS.

Visite aux Casernes, Prisons et Hôpital.

Rive droite de la Seine : le Capitaine-Adjudant de Place.............. VILLERS.
Rive gauche : le Capitaine-Adjudant de Place...................... GRAILLARD.

Du 24 au 25 Juin.

Adjudant de Place de service à l'État-major......................... VIART.
Adjudant de Place de ronde de nuit................................ GRAILLARD.

Visite aux Casernes, Prisons et Hôpital.

Rive droite de la Seine : le Capitaine-Adjudant de Place.............. GRAILLARD.
Rive gauche : le Lieutenant-Adjudant de Place...................... SANSON.

Rien de nouveau.

L'Adjudant-commandant, Sous-chef de l'État-major général du Gouvernement de Paris,

D O U C E T.

GOUVERNEMENT DE PARIS.

ÉTAT-MAJOR DE LA GARNISON.

ORDRE du 24 Juin 1806.

SERVICE DE L'ÉTAT-MAJOR DE LA GARNISON DE PARIS.

Du 24 au 25 Juin.

Adjudant de Place de service à l'État-major...................... VIART.
Adjudant de Place de ronde de nuit............................. GRAILLARD.

Visite aux Casernes, Prisons et Hôpital.

Rive droite de la Seine : le Capitaine-Adjudant de Place.............. GRAILLARD.
Rive gauche : le Lieutenant-Adjudant de Place..................... SANSON.

Du 25 au 26 Juin.

Adjudant de Place de service à l'État-major....................... COTEAU.
Adjudant de Place de ronde de nuit............................. SANSON.

Visite aux Casernes, Prisons et Hôpital.

Rive droite de la Seine : le Lieutenant-Adjudant de Place............ SANSON.
Rive gauche : le Capitaine-Adjudant de Place..................... VIART.

Rien de nouveau.

L'Adjudant-commandant, Sous-chef de l'État-major général du Gouvernement de Paris,
DOUCET.

GOUVERNEMENT DE PARIS.
ÉTAT-MAJOR DE LA GARNISON.

ORDRE du 25 Juin 1806.

SERVICE DE L'ÉTAT-MAJOR DE LA GARNISON DE PARIS.

Du 25 au 26 Juin.

Adjudant de Place de service à l'État-major..................... COTEAU.

Adjudant de Place de ronde de nuit........................ SANSON.

Visite aux Casernes, Prisons et Hôpital.

Rive droite de la Seine : le Lieutenant-Adjudant de Place.............. SANSON.

Rive gauche : le Capitaine-Adjudant de Place........................ VIART.

Du 26 au 27 Juin.

Adjudant de Place de service à l'État-major..................... CORDIEZ.

Adjudant de Place de ronde de nuit........................ VIART.

Visite aux Casernes, Prisons et Hôpital.

Rive droite de la Seine : le Capitaine-Adjudant de Place.............. VIART.

Rive gauche : le Capitaine-Adjudant de Place........................ COTEAU.

Nouvelle répartition du service entre Messieurs les Commissaires des Guerres employés à Paris.

MESSIEURS.	ATTRIBUTIONS.	DOMICILES.
FRADIEL............	Les Conseils de guerre................................ Les Maisons d'arrêts.................................. La Caserne *Rousselet*................................ Les Routes.. Les Convois militaires................................ Le Dépôt central des médicamens......................	Rue S.-Dominique, maison S.-Joseph.
LE PELLETIER........	La Solde de retraite.................................. Le Traitement de réforme.............................. Les Subsistances militaires........................... Le Magasin d'habillement et campement................. Les Transports de l'intérieur de la place............. Le chauffage et éclairage des corps-de-garde..........	*Idem.*
VAIGNEDROYE........	L'État-Major... Les détails relatifs à l'administration des troupes........... L'Hôpital militaire du Val-de-Grâce................... La Gendarmerie....................................... Le Casernement des Troupes...........................	A l'État-major, rue Neuve des Capucines.
QUILLET, adjoint......	L'Hôpital militaire de Saint-Denis.................... Le Magasin central des Hôpitaux....................... L'Artillerie.. Les Transports directs................................	Rue S.-Dominique, maison S.-Joseph.

ARRÊTÉ le présent, par nous Commissaire ordonnateur de la 1.re Division militaire.
Paris, le 20 Juin 1806.

DUBRETON.

L'Adjudant-Commandant, Sous-chef de l'État-major général du Gouvernement de Paris,

DOUCET.

GOUVERNEMENT DE PARIS.

ÉTAT-MAJOR DE LA GARNISON.

ORDRE du 26 Juin 1806.

SERVICE DE L'ÉTAT-MAJOR DE LA GARNISON DE PARIS.

Du 26 au 27 Juin.

Adjudant de Place de service à l'État-major......................... CORDIEZ.
Adjudant de Place de ronde de nuit............................... VIART.

Visite aux Casernes, Prisons et Hôpital.

Rive droite de la Seine : le Capitaine-Adjudant de Place................ VIART.
Rive gauche : le Capitaine-Adjudant de Place....................... COTEAU.

Du 27 au 28 Juin.

Adjudant de Place de service à l'État-major......................... VILLERS.
Adjudant de Place de ronde de nuit............................... COTEAU.

Visite aux Casernes, Prisons et Hôpital.

Rive droite de la Seine : le Capitaine-Adjudant de Place.............. COTEAU.
Rive gauche : le Capitaine-Adjudant de Place....................... CORDIEZ.

Rien de nouveau.

L'Adjudant-Commandant, Sous-chef de l'État-major général du Gouvernement de Paris,

DOUCET.

GOUVERNEMENT DE PARIS.

ÉTAT-MAJOR DE LA GARNISON.

ORDRE du 27 Juin 1806.

SERVICE DE L'ÉTAT-MAJOR DE LA GARNISON DE PARIS.

Du 27 au 28 Juin.

Adjudant de Place de service à l'État-major......................... VILLERS.
Adjudant de Place de ronde de nuit................................ COTEAU.

Visite aux Casernes, Prisons et Hôpital.

Rive droite de la Seine : le Capitaine-Adjudant de Place............... COTEAU.
Rive gauche : le Capitaine-Adjudant de Place........................ CORDIEZ.

Du 28 au 29 Juin.

Adjudant de Place de service à l'État-major......................... GRAILLARD.
Adjudant de Place de ronde de nuit................................ CORDIEZ.

Visite aux Casernes, Prisons et Hôpital.

Rive droite de la Seine : le Capitaine-Adjudant de Place............... CORDIEZ.
Rive gauche : le Capitaine-Adjudant de Place........................ VILLERS.

Rien de nouveau.

L'Adjudant-Commandant, Sous-chef de l'État-major général du Gouvernement de Paris,

DOUCET.

GOUVERNEMENT DE PARIS.

ÉTAT-MAJOR DE LA GARNISON.

ORDRE du 28 Juin 1806.

SERVICE DE L'ÉTAT-MAJOR DE LA GARNISON DE PARIS.

Du 28 au 29 Juin.

Adjudant de Place de service à l'État-major........................ GRAILLARD.
Adjudant de Place de ronde de nuit............................. CORDIEZ.

Visite aux Casernes, Prisons et Hôpital.

Rive droite de la Seine : le Capitaine-Adjudant de Place................ CORDIEZ.
Rive gauche : le Capitaine-Adjudant de Place....................... VILLERS.

Du 29 au 30 Juin.

Adjudant de Place de service à l'État-major........................ SANSON.
Adjudant de Place de ronde de nuit............................. VILLERS.

Visite aux Casernes, Prisons et Hôpital.

Rive droite de la Seine : le Capitaine-Adjudant de Place............... VILLERS.
Rive gauche : le Capitaine-Adjudant de Place....................... GRAILLARD.

Rien de nouveau.

l'Adjudant-Commandant, Sous-chef de l'État-major général du Gouvernement de Paris,

DOUCET,

GOUVERNEMENT DE PARIS.
ÉTAT-MAJOR DE LA GARNISON.

ORDRE du 29 Juin 1806.

SERVICE DE L'ÉTAT-MAJOR DE LA GARNISON DE PARIS.

Du 29 au 30 Juin.

Adjudant de Place de service à l'État-major......................... SANSON.

Adjudant de Place de ronde de nuit................................. VILLERS.

Visite aux Casernes, Prisons et Hôpital.

Rive droite de la Seine : le Capitaine-Adjudant de Place............. VILLERS.

Rive gauche : le Capitaine-Adjudant de Place...................... GRAILLARD.

Du 30 Juin au 1.ᵉʳ Juillet.

Adjudant de Place de service à l'État-major......................... VIART.

Adjudant de Place de ronde de nuit................................ GRAILLARD.

Visite aux Casernes, Prisons et Hôpital.

Rive droite de la Seine : le Capitaine-Adjudant de Place............. GRAILLARD.

Rive gauche : le Lieutenant-Adjudant de Place....................... SANSON.

ORDRE GÉNÉRAL du 29 Juin 1806.

Paris, le 26 Juin 1806.

LE MINISTRE Directeur de l'Administration de la guerre,

AUX Généraux commandans les Divisions militaires, et aux Commissaires ordonnateurs.

Je vous préviens, Messieurs, que Sa Majesté a décrété, le 11 juin dernier,

1.° Qu'à dater du 1.ᵉʳ juillet prochain, les Corps seraient chargés de pourvoir au chauffage et à l'éclairage de leurs corps-de-gardes de police lorsqu'ils seront composés de deux cents hommes au moins ;

2.° Que ces corps-de-gardes de police ne seraient que de quatrième classe, toutes les fois que les détachemens qui devront les entretenir n'excéderont pas deux cents hommes ;

3.° Que lorsqu'un Régiment sera réuni en entier ou par Bataillon dans une même Place, la classe des corps-de-gardes de Police serait déterminée par le Commandant de la Place.

Il résulte de ces dispositions, que tous les corps-de-gardes de Police, soit qu'ils ne servent uniquement qu'à maintenir le bon ordre parmi les troupes, soit qu'ils servent en même-temps à la sûreté de la Place, et qu'ils fournissent des patrouilles, seront chauffés et éclairés sur les fonds de la masse de chauffage des Corps. La distinction que j'avais établie à cet égard, par une Circulaire du 13 nivôse an 12, est en conséquence annullée à partir du 1.ᵉʳ juillet prochain.

J'invite MM. les Généraux commandans les Divisions, à faire connaître ces nouvelles dispositions aux Commandans d'armes et aux Troupes sous leurs ordres.

Je recommande à MM. les Commissaires ordonnateurs de prescrire aux Commissaires des guerres de ne plus faire fournir le chauffage aux corps-de-garde de Police, et de ne plus comprendre ces postes dans leurs revues mensuelles.

J'ai l'honneur de vous saluer,

Signé DEJEAN.

Pour copie conforme :

L'Adjudant-commandant, Sous-chef de l'État-major général du Gouvernement de Paris,

DOUCET.

GOUVERNEMENT DE PARIS.

ÉTAT-MAJOR DE LA GARNISON.

ORDRE du 30 Juin 1806.

SERVICE DE L'ÉTAT-MAJOR DE LA GARNISON DE PARIS.

Du 30 Juin au 1.ᵉʳ Juillet.

Adjudant de Place de service à l'État-major........................ VIART.
Adjudant de Place de ronde de nuit............................. GRAILLARD.

Visite aux Casernes, Prisons et Hôpital.

Rive droite de la Seine : le Capitaine-Adjudant de Place................. GRAILLARD.
Rive gauche : le Lieutenant-Adjudant de Place...................... SANSON.

Du 1.ᵉʳ au 2 Juillet.

Adjudant de Place de service à l'État-major........................ COTEAU.
Adjudant de Place de ronde de nuit............................. SANSON.

Visite aux Casernes, Prisons et Hôpital.

Rive droite de la Seine : le Lieutenant-Adjudant de Place.............. SANSON.
Rive gauche : le Capitaine-Adjudant de Place...................... VIART.

Rien de nouveau.

L'Adjudant-commandant, Sous-chef de l'État-major général du Gouvernement de Paris,

DOUCET.